稳稳的财富
低风险投资
实操手册

曾 增◎编著

中国铁道出版社有限公司
CHINA RAILWAY PUBLISHING HOUSE CO., LTD.

内 容 简 介

全书从低风险理财产品类型和低风险操盘策略的角度出发，为读者介绍了一系列实用有效的低风险投资方法，帮助读者快速理解并掌握相关的低风险理财技巧，实现稳定的财富增值。

全书共 8 章，分为 3 个部分：第一部分为第 1 章，主要是对低风险的理解和认识，并做好理财前的一些财务准备工作；第二部分为第 2 ～ 6 章，主要是对低风险理财产品的介绍，包括银行存款、债券投资、基金理财、保险理财以及股票投资；第三部分为 7 ～ 8 章，主要是从投资方法的角度来介绍低风险投资的实际操作，包括投资策略和仓位管理。

图书在版编目（CIP）数据

稳稳的财富：低风险投资实操手册 / 曾增编著 . —北京：中国铁道出版社有限公司，2021. 7

ISBN 978-7-113-27967-7

Ⅰ . ①稳… Ⅱ . ①曾… Ⅲ . ①风险投资 - 基本知识 Ⅳ . ① F830. 59

中国版本图书馆 CIP 数据核字（2021）第 090459 号

书　　名：稳稳的财富：低风险投资实操手册
WENWEN DE CAIFU: DIFENGXIAN TOUZI SHICAO SHOUCE
作　　者：曾　增

责任编辑：张亚慧　　**编辑部电话：**（010）51873035　　**邮箱：**lampard@vip. 163. com
封面设计：宿　萌
责任校对：焦桂荣
责任印制：赵星辰

出版发行：中国铁道出版社有限公司（100054，北京市西城区右安门西街 8 号）
印　　刷：三河市宏盛印务有限公司
版　　次：2021 年 7 月第 1 版　2021 年 7 月第 1 次印刷
开　　本：700 mm×1 000 mm 1/16　印张：15. 25　字数：195 千
书　　号：ISBN 978-7-113-27967-7
定　　价：59. 00 元

前　言

随着理财意识的觉醒，很多人逐渐明白“你不理财，财不理你”的道理，所以不再单纯满足于死工资，纷纷投身到投资理财的大军中，期望通过理财收获利润，实现财富增值。

但是，理想是丰满的，现实却是骨感的，投资与风险并行。许多投资者奋不顾身涌入投资市场，却遭受重创，损失惨重，不仅没有得到想象中的利润，还搭上了本金。

所以，越来越多的投资者，尤其是保守型投资者，开始寻求更稳健的投资方法，从而让自己在风险可承受范围之内获得一定的收益，得到稳稳的财富，而非风险收益。

因此，低风险理财的理念开始盛行。那么，如何才能够实现低风险理财呢？首先需要明确的是，低风险不等于零风险，而是通过一些策略和手段来降低投资理财的风险程度，使其更适合投资者的风险承受能力。

笔者从低风险理财的产品和策略两个角度出发，为读者介绍了一系列相对而言风险更低的理财产品类型，以及投资理财过程中的低风险操作手法，来降低投资者的投资风险，实现稳稳的财富。

全书共 8 章，可大致划分为三个部分：

- ◆ 第一部分为第 1 章，这部分是基础部分，主要是帮助读者理解低风险理财，其次是帮助读者做好投资理财的财务规划，为后期的投资理财打好基础。
- ◆ 第二部分为第 2 ~ 6 章，这部分是全书的重点内容，主要介绍了各种低风险的理财产品类型，包括银行存款、债券投资、基金理财、保险理财以及股票投资。除了介绍这些产品的投资特点之外，还结合具体实例介绍了一些低风险的操作方法。
- ◆ 第三部分为第 7 ~ 8 章，这部分属于技能提升内容，主要是从投资方法的角度上来介绍低风险投资的实际操作，包括投资时的策略和仓位管理。

全书的优势在于从实用的角度出发，结合“低风险投资”爱好者的特点，介绍了多种风险较低的投资品种和操作策略，帮助投资者实现稳稳的财富。书中结合了大量的实例、图示和表格，在丰富知识内容的同时，也能更好地帮助投资者理解，降低阅读的枯燥感，使读者阅读起来更轻松。

另外，各个投资品种之间并没有优劣之分，只有适合与不适合。读者可以根据自己的喜好和风险承受能力，选择真正适合自己的投资理财产品。

最后，希望所有读者都能从书中得到启发，找到真正适合自己的低风险投资理财工具，实现个人财富的稳定增值。

编　者

2021 年 4 月

目 录

第 1 章 低风险理财追求稳稳的财富

我们知道收益与风险同行，投资者在追求收益的同时，必然会承担一定的风险。但是有没有一种投资理财方式，让投资者既可以享受收益，又只承担较低的风险呢？这就是我们说的低风险理财，帮助投资者追求稳稳当当的财富。

第 2 章 银行理财安全又省心

说到低风险理财，就不得不提银行。银行是人们日常生活中接触最多、也最熟悉的金融机构，其安全性和稳定性也最受人们信赖。因此，想要做低风险理财，首先就要从银行入手。

第 3 章　债券低风险投资收入也可观

债券是一项众所周知的低风险理财产品，也是大部分保守型投资者的首选。但是，很多人对债券的认识比较单一，除了低风险和低收益之外，再无其他。实际上，债券中隐藏着许多技巧，运用得当收益也很可观。

第 4 章　学会安全养“基”也能赚大钱

很多人对基金投资存在误解，认为投资风险较大，不适合稳健型的投资者。实际上，这只是一些人对基金较片面的认识。基金的种类有很多，除了风险较大的股票型基金外，还有很多适合稳健型投资者的品种，只要掌握方法也能够低风险养基。

第 5 章 保险理财让保险和理财双管齐下

保险，很多人对它的印象还停留在人寿保险、医疗保险以及意外保险上，保障被保险人的人身和财产安全等。实际上，保险也可以做理财投资，在保障安全的基础上，投资者还可以获得收益，保险、理财双管齐下，更便捷。

第 6 章　股票的低风险投资法

说到股票投资，大部分人总是会不自觉地将其和高风险、高收益关联起来。确实，股市投资风险较大，对于一些追求保守收益的人来说，并不适合。但很多人不知道的是，股票也有低风险的投资法，适合保守型的投资者。

第 7 章　低风险投资讲究策略

想要低风险投资，获得稳稳的财富，除了在理财工具上花费心思，尽量选择低风险的产品之外，在投资过程中也要讲究一定的策略，才能够降低投资者的投资风险。

第 8 章　低风险投资离不开仓位管理

仓位管理指投资者在决定投资某个对象时的入场方式，即如何分批入场。这是每一位投资者都应该掌握的投资技巧。它能够有效降低投资风险，提高投资者的盈利空间，使利润最大化。

第1章

低风险理财追求稳稳的财富

我们知道收益与风险同行，投资者在追求收益的同时，必然会承担一定的风险。但是有没有一种投资理财方式，让投资者既可以享受收益，又只承担较低的风险呢？这就是我们说的低风险理财，帮助投资者追求稳稳当当的财富。

1.1 什么是低风险理财

说到投资理财，很多人脑海中的第一反应就是风险高。确实如此，风险与收益同行，投资者只有承受了高风险才能够追求高收益。那么是不是意味着稳健型的低风险爱好者不能理财了呢？

当然不是，市面上除了高风险的理财产品之外，还有很多针对低风险爱好者的理财产品，同样可以为投资者带来可观的收益。

1 为什么要做低风险理财

低风险投资是很多风险厌恶者以及保守投资者的首选。因为每个人都不是一座孤岛，都有自己的责任和义务，无法做到不顾后果奋力一搏，当人的责任越大、压力越大时，危机意识也就会加重。在这样的情况下，投资理财自然更趋向于低风险。

常见的低风险理财人群包括下面四类：

没有充足时间与精力的上班族。通常情况下，高收益且高风险的理财产品往往需要投资者本身投入大量的时间与精力，但每天投入大量时间工作的上班族显然没有充足的时间与精力来研究这些高风险的理财产品，故而更倾向于简单、保守的低风险理财产品。

家庭负担较重的双职工家庭。对于已经成家的双职工家庭，通常承担着赡养老人和哺育孩子的责任。在这样的负担下，家庭可以承担的风险相对较低，所以比起高风险的收益博弈，他们更倾向于低风险的保本投资。

没有稳定收入的大学生群体。对于没有稳定收入的大学生群体而言，首先自身没有多余的资金能够用于投资，其次高风险高收益的理财产品投资门槛普通较高，而低风险的理财产品门槛较低、收益更稳定，比较适合大学生群体，也能帮助其养成好的投资理财观念。

没有固定收入的老年人。大部分老年人投资理财的目的在于养老，每月领取固定的生活费，解决日常的生活开销。低风险投资更符合老年人的投资需求。而且高风险投资，收益波动变化大，可能造成情绪波动较大，不适合老年人。

简单来说，做低风险理财的投资者通常非常注重自己的本金安全，相较于承担高风险争取高收益，他们更倾向于让资产实现稳定增长。这类投资者对于可能出现的本金损失，会表现出很大程度的焦虑，对投资的短期表现会比较在意，既担心自己的决策存在错误，又担心损失过多难以承担。因此，这类投资者更适合做低风险理财，因为低风险投资的本金风险相对较小，收益的波动幅度更容易控制。

2 如何理解“低风险”投资的低风险性

理解低风险之前，我们先来看看理财产品中的风险划分，通常商业银行将理财产品的风险划分为五个等级，具体如下：

- **一级（R1）**：极低风险，提供本金及收益保障，或者提供本金保护且预期收益不能实现的概率极低，适合保守型投资者。
- **二级（R2）**：较低风险，不提供本金保护，但本金亏损的概率极低，预期收益不能实现的概率极低，适合保守型投资者。

- **三级**（R3）：中等风险，不提供本金保护，但本金亏损的概率较低，预期收益实现存在一定的不确定性，适合平衡型投资者。
- **四级**（R4）：中高风险，不提供本金保护，且本金亏损概率较高，预期收益实现的不确定性较大，适合积极型投资者。
- **五级**（R5）：高风险，不提供本金保护，且本金亏损概率高，预期收益实现的不确定性大，适合激进型投资者。

本书介绍的低风险理财主要包括 R1、R2 和 R3 三大类，从这三类理财产品可以看出，低风险理财的核心特点在于以下两点：

①本金安全性较高，亏损概率较低。

②预期收益存在一定的波动幅度，但变化在可控范围内。

所以，一旦理财产品具有这两个特点，就可以理解为风险较低的理财产品。简单来看，低风险理财产品可以大致分为两类：一类是安全性极高，基本上不存在风险，例如银行存款；一类是安全性较高，小概率下可能会存在一定风险，但基本可控，例如债券。

3 低风险不等于低收益

很多人不喜欢做低风险理财的根本原因是低收益，很多人都认为收益与风险呈正相关。收益高则风险大，收益小则风险小，因此，低风险下难以博得高收益。

但是，结果却“不一定”。投资理财的核心在于两点，即理财产品的选择和个人投资的决策。

理财产品的收益受到多方面的影响，包括市场、时机及供求关系等，不同情况下，选择的理财产品其收益也不同。

例如某宝类产品，其本质为货币基金，属于风险极低的低风险理财产品，刚推出时收益率达到 6% 以上，远远超出货币基金应有的水平，收益比银行定期存款甚至理财收益率都高。随着市场同类产品的增加，收益率回到 3% 左右的正常水平。

其次，投资者个人的投资决策也会影响投资收益，其个人专业水平和投资经验，都能在不同程度上影响理财的收益率。缺乏经验的新人投资者的投资操作风险必然要高于专业投资者，但其收益率并不高于专业投资者，甚至可能还远低于专业投资者。

因此，低风险未必就一定会得到低收益。投资者具备丰富的投资经验和金融知识，抓住投资时机，掌握投资技巧，也可以取得较高收益。

4 低风险不等于零风险

低风险投资广泛受到投资者青睐的最大原因在于低风险性，这是许多厌恶风险的投资者和以简单持有为投资策略的投资者最喜欢的方式。但是，需要重点注意的是，低风险不等于零风险！即便风险较低，我们也应该在投资之前明确可能面对的风险有哪些。

低风险理财存在的风险主要包括下列五项：

◆ 本金亏损风险

本金亏损风险指投资遭遇损失，除了收益损失之外，本金有可能面临损失的风险。虽然低风险投资中本金亏损的风险较低，但是也不能排除发生这种风险的可能性，即在一些特殊情况发生时，还是会导致一定的亏损。

比如投资的债券发生违约不能偿付，或者大量用户同时赎回，基金在短期内需要大量兑付现金，从而抛售债券。像这样的极端情况发生时，还是会存在一定风险。

◆ 利率风险

利率风险是低风险理财中比较常见的一种风险，指因为市场利率上升或下降而产生预期之外的损失的风险，通常出现在银行理财中，例如银行活期或定期存款。

◆ 信用风险

信用风险也被称为违约风险，是指交易对方不履行到期债务的风险。由于结算方式不同，场内衍生交易和场外衍生交易各自所涉及的信用风险也有所不同。例如债券投资中的信用风险，即发行债券的借款人不能按时支付债券利息或偿还本金，而给债券投资者带来损失的风险。

◆ 国家政策风险

国家政策风险是指政府有关证券市场的政策发生重大变化或是有重要的举措、法规出台，引起证券市场的波动，从而给投资者带来的风险。国家在不同时期根据宏观环境的变化，可能会出台一些新政策或对原有政策进行调整，这样会对投资市场产生一定程度的影响，进而影响收益。

◆ 通货膨胀风险

通货膨胀风险也被称为购买力风险，是指投资完成后所收回的资金与初始投入的资金相比，其购买力降低给投资者带来的风险。由于投资都有一定的时间周期，尤其是一些周期较长的投资，投资者就要面对通货膨胀的风险。

综上所述，即便是低风险理财，其中也隐藏着各种风险，只有了解了这些风险之后，投资者在实际的理财操作过程中才能更好地应对和处理，做到心中有数。

1.2 投资理财之前做好财务规划

理财分为两步：一是整理规划；二是投资增值。这就要求每一位投资者在投资理财之前做好财务规划，了解自己真实的财务状况，合理规划资金账户，制定符合实际情况的理财目标。

1 编制资产负债表，了解财务状况

虽然大多数人每天都上班赚取收入，但同时也会背负一些债务，例如房贷、车贷等。这些收入和债务都是我们的个人资产，如果不理清资产状况就盲目理财，很可能引发各种财务问题，具体如下：

资金流动性差。投资理财产品很多都有时间周期的要求。如果我们不理清自己的贷款情况和日常生活现金使用情况就开展投资，很可能会因为资金被套，无法及时取现，影响正常还贷和生活。如果提前取出，则会影响收益。

闲置资金使用率。如果不对资产做合理的安排，了解实际财务状况，就开展投资，有可能会出现为了避免资金流动性差的问题，而刻意闲置大量资金应对日常生活的情况。这无疑降低了闲置资金的使用率，进而降低了投资收益率。

影响投资组合的配置。我们知道为了提高投资收益率和分散投资风险，常常会进行组合投资。而在组合投资中时间周期是重要的分散因素，如果不对自身财务有全面的了解，盲目组合配置，就会影响投资组合的配置比例和时间周期。

掌握自己的财务状况，最常用且最实用的方法就是编制资产负债表，图 1-1 所示为家庭资产负债表模板。

<table>
<tr><th colspan="5">家庭资产负债表</th></tr>
<tr><th></th><th colspan="2">分类</th><th>主要项目</th><th>金额</th></tr>
<tr><td rowspan="19">资产</td><td colspan="2" rowspan="3">流动性资产</td><td>现金</td><td></td></tr>
<tr><td>活期存款</td><td></td></tr>
<tr><td>货币基金</td><td></td></tr>
<tr><td colspan="3">流动性资产合计</td><td></td></tr>
<tr><td rowspan="11">投资性资产</td><td rowspan="5">金融资产</td><td>定期存款</td><td></td></tr>
<tr><td>股票</td><td></td></tr>
<tr><td>债券</td><td></td></tr>
<tr><td>基金</td><td></td></tr>
<tr><td>债权</td><td></td></tr>
<tr><td colspan="2">金融资产合计</td><td></td></tr>
<tr><td rowspan="4">实物资产</td><td>投资用房产</td><td></td></tr>
<tr><td>黄金</td><td></td></tr>
<tr><td>首饰</td><td></td></tr>
<tr><td>其他</td><td></td></tr>
<tr><td colspan="2">实物资产合计</td><td></td></tr>
<tr><td colspan="3">投资性资产合计</td><td></td></tr>
<tr><td colspan="2" rowspan="2">自用性资产</td><td>自用房产</td><td></td></tr>
<tr><td>自用汽车</td><td></td></tr>
<tr><td colspan="3">自用性资产合计</td><td></td></tr>
<tr><td colspan="4">资产总计</td><td></td></tr>
<tr><td rowspan="10">负债</td><td colspan="2" rowspan="2">消费性负债</td><td>信用卡</td><td></td></tr>
<tr><td>小额消费信贷</td><td></td></tr>
<tr><td colspan="3">消费性负债合计</td><td></td></tr>
<tr><td colspan="2" rowspan="3">投资性负债</td><td>投资用房贷款</td><td></td></tr>
<tr><td>金融投资借款</td><td></td></tr>
<tr><td>实业投资借款</td><td></td></tr>
<tr><td colspan="3">投资性负债合计</td><td></td></tr>
<tr><td colspan="2" rowspan="2">自用性负债</td><td>自用房贷款</td><td></td></tr>
<tr><td>自用汽车贷款</td><td></td></tr>
<tr><td colspan="3">自用性负债合计</td><td></td></tr>
<tr><td colspan="4">负债总计</td><td></td></tr>
<tr><td colspan="4">净值</td><td></td></tr>
</table>

图 1-1　家庭资产负债表

编制家庭资产负债表时要注意以下四点内容：

①资产负债表的是年底编制。

②以市价计量的资产及净值更能反映真实的资产状况。

③汽车等自用性资产可计提折旧以反映市场价值随使用而降低。

④编制家庭负债表，围绕“资产－负债＝净值”这一核心公式进行。

2 编制收支流水表，减少不必要开支

常常听到人抱怨，明明自己每天都勤勤恳恳地上班，但是月底却不见钱，不知道钱用到了什么地方。实际上，这是大部分人的通病，也是自己没有计划开支、没有财务规划的体现。此时可以编制一张收支流水表，先了解自己的收支明细，了解钱的去向，再根据这些项目减少一些不必要的开支，达到节流的目的。

编制收支流水表实际上很简单，就是记录家庭每个月的收入和支出情况，计算实际盈余。

在编制时，家庭收入方面可以夫妻两人分开记录，能使记录更清晰；而家庭支出方面，因为家庭开销通常是一起的，例如生活费、水电费等，所以合并记录更好。

编制家庭收支流水表时，要以“本月收入－本月支出＝结余”为核心进行编制。当然，收支流水表的周期可以改变，如果是编制家庭年收支流水表，则公式为“当年收入－当年支出＝结余”进行编制。另外，编制时如果是以年为周期则可以将月度收支情况与年度收支情况进行组合编制，从而使账目更清晰。图 1-2 所示为家庭收支流水表模板。

家庭收支流水表					
收入			支出		
项目	月	年	项目	月	年
先生工资收入			房贷		
妻子工资收入			车贷		
公积金先生收入			日常生活		
公积金妻子收入			孩子教育		
房租收入			服饰鞋帽等		
理财收入			父母老人		
			人际交往		
			保险		
			旅游		
合计			合计		
月结余					
年结余					

图 1-2　家庭收支流水表

此外，对于家庭中比较细碎的开支和难以记录的开支，可以借助一些记账软件，轻松实现记账，例如鲨鱼记账、青子记账和圈子账本等。

3 根据自身情况，制定理财目标

我们做任何事情都需要制定明确的目标，它能指引前进的方向。投资理财也是如此，明确了理财目标，投资也有了基本方向，可以避免投资过程中的盲目和冲动。

制定目标需要充分考虑自身的实际情况，这样制定的目标才更有效。具体来看，分为以下五个步骤：

（1）明确自身的财务状况

最好在不影响日常生活正常开销的情况下进行理财，这就要求我们利用家庭的闲置资金进行理财投资，所以投资者在投资理财之前必须清楚家庭的实际财务状况。可以借助前面介绍的家庭资产表和家庭收支流水表来掌握实际财务状况。

明确财务状况的目的有两个：一是保证日常家庭生活不受影响；二是制定与自己经济实力相符的理财目标。例如，如果是月收入 3 000 元的普通白领，制定理财目标为“1 年内通过理财实现存款 10 万元”，此时的理财目标就过高，脱离实际，只会增加自己的压力；但如果月入 20 000 元，且自身还拥有一定的闲置资产，此时制定这样的目标就有实现的可能性。

（2）制定目标内容

理财的目标可以按照周期的长短分为短期目标、中期目标和长期目标三类，具体如下所示：

①短期目标指短期内要实现的目标，通常期限为 1 年，大部分以消费性的目标为主，例如买车、旅游以及购物等。

②中期目标指需要较长一段时间才能实现的目标，通常期限为 1 ~ 10 年，例如计划买房、子女教育等。

③长期目标指 10 年以上才能实现的目标，一般为退休养老保障的目标计划。

（3）具体化目标

目标制定完成之后，还要将目标具体化，即提出现实可行的办法，否则再好的目标都是空谈。目标越具体，操作性就越强，才会激励自己更努力地去实现目标。

具体化目标可以借助“SMART 原则”。SMART 原则是根据美国马里兰大学管理学及心理学教授洛克的目标设置理论在实践中总结出来的，具体内容如下所示。

- S 代表 Specific，意为明确的，指制定的目标应该明确，不能笼统，最好能设置预期实现的时间以及具体的操作步骤。

- M代表Measurable，意为可衡量的，指制定的理财目标应该要量化、数据化，即根据当前的收入和预期收益情况预估到期的可能收益。
- A代表Attainable，意为可实现的，指考虑现在的状况与目标的年限，在合理发展的假设下制定可实现的目标，避免设置的目标过高或过低。
- R代表Realistic，意为现实的，指制定的目标既要充分考虑外在环境与个体限制，也要符合现实实际。制定不符合实际的目标，实现不了，也没有意义。
- T代表Time-bound，有时限的，指每一个理财目标都应该设置时间期限，不能无期限延长。

（4）测试风险承受能力

我们知道市面上的理财产品都有自己的风险等级（R1 ~ R5），但并不是所有的理财产品都适合投资。理财产品是否合适还需要结合投资者的风险承受能力来查看。因此，投资者在实际投资之前还要测试自己的风险承受能力，选择与自己风险等级相当或更低的理财产品。

风险承受能力测试是一组专业的便于投资者了解自己的测试题，即投资者在做题后即可获知自己的风险承受能力。

下面来看一个实际的风险测试。

案例故事 做风险测试题查看自己的风险承受能力

王先生了解到周边的朋友炒股赚了钱，所以最近也有了投资炒股的想法。当他打开某理财投资App做投资时，页面提示需要完成投资者风险承受能力测试，才能开始投资。

王先生在咨询朋友之后，了解到风险承受能力测试即是对自己的投资风险承受能力的测试，以便选择与自己风险承受能力相匹配的理财产品。

王先生根据页面提示完成了风险测试答题，题目如图 1-3 所示。

投资者风险承受能力测试

重要提示：

1.请投资者认真阅读问卷内容，了解评分规则，并确认所填写内容表达真实。

2.本公司根据投资者的风险承受能力等级，对投资者的投资行为作出是否匹配的检查和提示。本次调查结果不构成对投资者的投资建议，或对投资者的投资决策形成实质影响。

3.投资有风险可能导致投资者产生亏损，请投资者在购买过程中注意根据调查结果核对自己的风险承受能力和基金产品风险匹配情况。

4.本问卷共设计了 10 道问题，每题 5 个备选答案，得分依次为 2、4、6、8、10。投资人得分越高，说明风险承受能力越强。

1.您目前的个人及家庭财务状况属于以下哪一种：（C）

A.有较大数额未到期负债（2 分）　B.收入和支出相抵（4 分）

C.有一定积蓄（6 分）　D.有较为丰厚的积蓄并有一定的投资（8 分）

E.比较富裕且有相当的投资（10 分）

2.您个人目前已经或者准备投资的金额占您或者家庭所拥有总资产的比重是多少。（B）

A.80%～100%（2 分）　B.50%～80%（4 分）

C.20%～50%（6 分）　D.10%～20%（8 分）

E.0～10%（10 分）

3.您的年收入是多少：（A）

A.20 万元以下（2 分）　B.20 万元至 50 万元（4 分）

C.50 万元至 150 万元（6 分）　D.150 万元至 500 万元（8 分）

E.500 万元以上（10 分）

4.您的投资经验可描述为：（B）

A.除银行储蓄外，基本没有其他投资经验（2 分）

B.购买过银行理财产品（4 分）

C.购买过债券、保险等理财产品（6 分）

D.参与过股票、基金等产品的交易（8 分）

E.参与过权证、期货、期权等产品的交易（10 分）

5.您是否有过基金专户、券商理财计划、信托计划等产品的投资经历，如有投资时间是多长：（A）

A.没有（2 分）　B.有，但是少于 1 年（4 分）

C.有，在 1～3 年之间（6 分）　D.有，在 3～5 年之间（8 分）

E.有，长于 5 年（10 分）

6.您计划中的投资期限是多长：（B）

A.少于 1 年（2 分）　B.1 年至 2 年（4 分）

C.2 年至 3 年（4 分）　D.3 年至 5 年（6 分）

E.5 年以上（10 分）

7.您投资理财产品主要用于什么目的：（A）

A.平时生活保障，赚点补贴家用（2 分）　B.养老（4 分）

C.子女教育（6 分）　D.资产增值（8 分）

E.家庭富裕（10 分）

8.以下哪项描述最符合您的投资态度：（B）

A.厌恶风险，不希望本金损失，希望获得稳定回报（2 分）

B.保守投资，不希望本金损失，愿意承担一定幅度的收益波动（4 分）

C.寻求一定的资金收益和成长性，在深思熟虑后愿意承担一定的风险（6 分）

D.寻求资金的较高收益和成长性，愿意为此承担有限本金损失（8 分）

E.希望赚取高回报，愿意为此承担较大本金损失（10 分）

9.以下几种投资模式，您更偏好哪种模式：（B）

A.收益只有 5%，但不亏损（2 分）

B.收益 15%，但可能亏损 5%（4 分）

C.收益是 30%，但可能亏损 15%（6 分）

D.收益 50%，但可能亏损 30%（8 分）

E.收益 100%，但可能亏损 60%（10 分）

10.您认为自己能承受的最大投资损失是多少：（A）

A.10%以内（2 分）　B.10%～20%（4 分）

C.20%～30%（6 分）　D.30%～50%（8 分）

E.超过 50%（10 分）

图 1-3　答题内容

根据答题内容，王先生最终得到 34 分，据此查看投资风险类型表，如表 1-1 所示。

表 1-1　风险类型表

得　分	风险类型	说　明
20 ~ 36	保守型	1. 期望本金安全，能接受较小的价格波动。 2. 愿意尝试得到大于定期存款的回报并承担较小风险，希望投资本金不因通货膨胀而贬值
37 ~ 52	稳健型	1. 能接受适中的价格波动。 2. 能承受较低的投资风险。 3. 偏好投资兼具成长性及收益性的产品
53 ~ 68	平衡型	1. 能接受适中的价格波动。 2. 能承受适中的投资风险
69 ~ 84	成长型	1. 资产市值波动比较大，可能会低于原始投资本金。 2. 能承受较高的投资风险。 3. 偏好投资兼具成长性及收益性的产品
85 ~ 100	进取型	1. 能承担全部收益包括本金可能损失的风险，预期收益率较高。 2. 偏好投资高成长性的产品投资，希望投资较快的增长，尽可能获得最高回报

可以看到，王先生属于保守型投资者，根据保守型投资者的投资说明，能够了解到王先生并不适合风险较高的股票投资，适合更稳健的理财产品。

（5）确定投资方式

明确了理财目标和风险承受类型之后，投资者就可以开始考虑具体的投资方式，包括选择具体的理财产品，可以做单一产品理财，也可以选择多个品种进行组合投资。

4 借助四大账户，安全管理资产

四大账户来自标准普尔家庭资产象限图理论，它将家庭资产分为了 4

个账户，这 4 个账户分别有不同的作用，且各账户的资金比例也不同。图 1-4 所示为标准普尔家庭资产象限图。

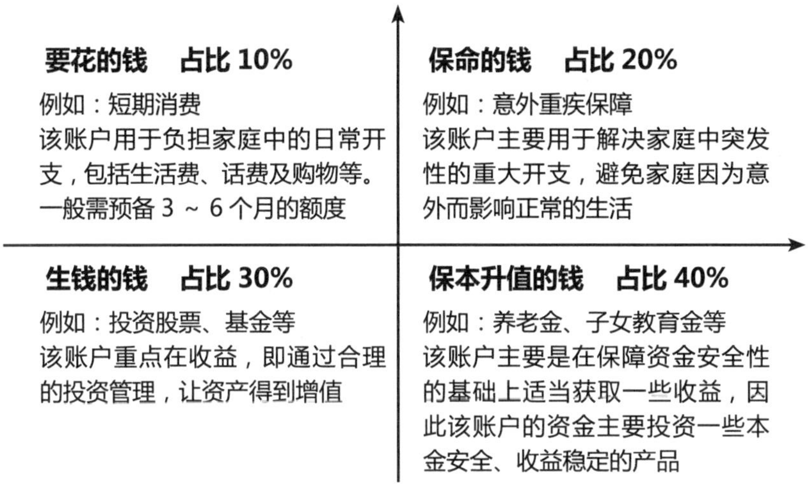

图 1-4　标准普尔家庭资产象限图

图 1-4 被公认为是最合理、最稳健的家庭资产分配方式，借助四大账户来合理分配家庭资产，可以让资产管理更安全，避免因不当投资而陷入资金流转困难，或因投资损失过大而影响家庭正常生活。

从图 1-4 可以看到，四大账户将家庭资产分为了四个部分，具体如下：

（1）第一个账户，日常开销账户

日常开销账户也就是家庭生活中“要花的钱”，属于短期消费，一般占家庭资产的 10% 左右。为了家庭能够稳定维持基本生活，通常需要储备 3 ~ 6 个月的生活开销费用，确认其流转的灵活性。

（2）第二个账户，杠杆账户

杠杆账户目的在于以小博大，主要是利用医疗保险来预防意外重疾或意外伤害。通常这类突发意外属于大额开销，一般家庭难以承担，所以需要借助保险的杠杆作用。因此，该账户也被称为保命的钱，一般占家庭资产的 20%左右。

（3）第三个账户，投资账户

投资账户的目的是通过投资让家庭资产增值，因为投资存在风险，所以为了维持家庭的稳定，该账户的资金比例应占据家庭资产的 30% 左右。

（4）第四个账户，长期收益账户

“保本升值的钱”也就是长期收益账户，该账户一定要保证本金安全，且跑赢通货膨胀，所以该投资的收益率不一定高，却要长期稳定。该账户一般占据家庭资产的 40%，使家庭资产不会发生重大变化。

第2章

银行理财安全又省心

说到低风险理财，就不得不提银行。银行是人们日常生活中接触最多、也最熟悉的金融机构，其安全性和稳定性也最受人们信赖。因此，想要做低风险理财，首先就要从银行入手。

2.1 简单存钱，也能获得不少收益

银行理财最基本、最传统的方式就是储蓄，即投资者将钱存入银行。银行按照投资者存入的时间和金额计算利息，投资者取出本金时可以获得利息收入。

储蓄理财方法简单，操作便捷，只要操作得当，同样可以获得不错的收益。

❶ 活期存款，想取就取还有收益

活期存款是最基础的一种银行存款方式，储户可以随时存入或取出银行存款，没有存期限制，且起存门槛较低，1 元起存。活期储蓄最大的优势在于资金流动性强，可随取随用，不管是作为日常开销，还是资金周转都非常方便。

同时，活期存款也有利息收益，但利率较低，基准年利率为 0.35%。不同银行可能会在基准利率的基础上进行上下调整，但波动的幅度不大。

储户对银行存款最关心的莫过于利息计算，那么活期存款的利息是怎么计算的呢？具体如下：

①利息计算为本金、存期与存款利率的乘积，公式为“利息 = 本金 × 存期 × 利率”。

②银行活期存款利息是按存款的天数来计算的，目前银行的活期存款通常是按季度结息，每季末月的 20 日为结息日，21 日为实际计付利息日。也就是说，大部分银行实际计付利息的日期分别是 3 月 21 日、6 月 21 日、9 月 21 日和 12 月 21 日。结息之后，上一期所获得的利息会自动进入到下一期，开始以复利的方式来计算利息。

③因为活期储蓄的时间期限不同，银行在计算利息时会将年利率换算成月利率和日利率，换算公式为：月利率（‰）= 年利率（%）÷12；日利率（‱）= 年利率（%）÷360。其中，年利率除以 360 换算成日利率，而不是除以 365 或闰年实际天数 366，是因为活期储蓄存款一年分为 12 个月，每月按照 30 天来计算利息。

④银行计息按照每日 24:00 结算时账户上的余额进行计算。如果储蓄在早上存入，24:00 之前取出是不计算利息的。

下面来看一个活期储蓄的利息计算案例。

案例故事 **不同储蓄时间下的 100 000 元活期利息计算**

活期存款的利息按照存入日的对应月剩余天数计算实际存入日期。

1. 如果章女士在 1 月 1 日早上存入 100 000 元，3 月 21 日取出，以 0.35% 的年利率计算利息。

章女士 1 月 1 日存入，1 月存入天数为 30 天，2 月存入天数为 30 天，3 月存入天数为 20 天，章女士的存期为 30 天 +30 天 +20 天 =80 天，那么章女生可得到的利息为：100 000×80×（0.35%÷360）=77.78（元）。

2. 如果章女士在 1 月 15 日早上存入 100 000 元，3 月 21 日取出，以 0.35% 的年利率计算利息。

章女士 1 月 15 日存入，1 月存入天数为 30 天 −15 天 =15 天，2 月存入天数为 30 天，3 月存入天数为 20 天，章女士的存期为 15 天 +30 天 +20 天 = 65 天，那么章女生可得到的利息为：100 000×65×（0.35%÷360）=63.19（元）。

3. 如果章女士在 1 月 31 日早上存入 100 000 元，3 月 21 日取出，以 0.35% 的年利率计算利息。

章女士 1 月 31 日存入，1 月的存入天数为 1 天，2 月存入天数为 30 天，3 月存入天数为 20 天，章女士的存期为 1 天 +30 天 +20 天 =51 天，那么章女生可得到的利息为：100 000×51×（0.35%÷360）=49.58（元）。

2 定期存款，固定时间固定收益更放心

定期存款是相较于活期存款而言的，它在时间上比活期储蓄约束更大。定期存款指银行与存款人双方在存款时事先约定存款期限、利率，到期后支取本息的一种存款方式。

定期存款的关键在于“定期”，要求储户到期后一次性取出本息，但是实际上储蓄时可能会出现意外情况，具体如下。

①提前取出。如果存款人提前到银行支取则按照活期存款利率计算存款利息。

②延期取出。如果存款人逾期到银行支取，逾期的部分利息计算则按照支取日的活期存款利率进行计算。

储户在存入定期存款时，可以自行选择“到期是否转存”。如果储户选择了自动转存，那么银行会将到期的存款本息按照相同的存期一并转存，且不受到次数的限制，续存期利息按前期到期日利率计算。续存后如果不足一个存期，储户要求提前支取存款，那么续存期间按照支取日的活期利率计算该期利息。

如果储户选择不自动转存，那么到期的定期存款储户不取出，就会变成活期。

下面以一个具体的例子来计算定期存款的利息。

案例故事 定期存款 50 000 元的利息计算

陈先生在 2018 年 1 月 1 日一次性存入 50 000 元，定期两年，年存款利率 2.25%。那么陈先生在 2020 年 1 月 1 日取出时的利息为多少？

50 000 × 2.25% × 2=2 250（元）

如果陈先生在存入时选择了到期自动转存，到期后没有取出，而是在 2022 年 1 月 1 日取出，利息为多少？（续存期存款利率不变）

此时的利息计算分为两个阶段，即第一个两年存期和第二个两年存期，且第二个两年存期中的本金加入了第一个存期的利息，计算结果如下：

第一个两年存期的利息：50 000 × 2.25% × 2=2 250（元）

第二个两年存期的利息：（50 000+50 000 × 2.25% × 2）× 2.25% × 2= 2 351.25（元）

因此，陈先生取出时的利息为：2 250+2 351.25=4 601.25（元）

如果陈先生在第二个存期到期后依然没有取出，而是延迟到 4 月 20 日才取出，已知活期存款利率为 0.35%，计算陈先生取出时的利息。

此时的利息计算分为 3 个阶段，即第一个两年存期、第二个两年存期和活期储蓄时段的利息，计算结果如下：

第一个两年存期的利息：50 000 × 2.25% × 2=2 250（元）

第二个两年存期的利息：（50 000+50 000 × 2.25% × 2）× 2.25% × 2= 2 351.25（元）

活期储蓄阶段的利息：[50 000+50 000 × 2.25% × 2+（50 000+50 000 × 2.25% × 2）× 2.25% × 2] ×（0.35% ÷ 360）×（30+30+30+20）=58.39（元）

因此，4 月 20 日陈先生取出时的利息为：2 250+2 351.25+58.39= 4 659.64（元）

从案例计算可以看到，定期存款是单利，只有到期自动转存才会将利息加到下一期本金中计算利息，计算公式与活期储蓄相同，也是“本金 ×

利率 × 存款期限 = 利息”。

此外，定期存款的起存金额比活期储蓄高，为 50 元，但同样没有上限。存期比较多样，储户可以根据自己的需要选择存款期限，例如 3 个月、6 个月、1 年及两年等。一般来说，定期存款的期限越长，存款利率就越高。

储户可以利用定期存款的期限，根据家庭实际的开支需要进行选择。对于一些暂时不用的大额资金可以选择存期较长的定存，而对一些用于家庭短期开销的资金可以选择存期较短的定存，这样组合搭配可以减少定期储蓄在时间上的局限性。

此外，根据定期存款中存款和取款方式的不同，定期存款分为了不同的类型，具体如表 2-1 所示。

表 2-1　定期存款的类型

名　称	说　明
整存整取	整存整取是定期存款的基础类型，即储户在储蓄时与银行约定存期，一次性存入，到期之后再一次性支取本息的存款方式。从最新的基准利率来看，整存整取的年利率分为 5 个档次：3 个月为 1.35%、半年为 1.55%、1 年为 1.75%、2 年为 2.25%、3 年或 5 年为 2.75%
零存整取	零存整取指储户在银行存款时约定存期、每月固定存款、到期一次支取本息的一种储蓄方式。零存整取一般每月 5 元起存，每月存入一次，中途如有漏存，应在次月补齐，只有一次补交机会。存期一般分一年、三年和五年。零存整取最大的特点在于具有约束性、计划性和积累性，能够帮助用户养成强制储蓄的习惯
整存零取	整存零取指储户与银行约定一次性存入本金，然后固定期限内分次支取本金的一种存款方式。这类存款的起存金额为 1 000 元，支取通常分为 1 个月、3 个月及半年一次。这类存款比较适合养老，一次性存入，然后每月领取固定费用作为生活开支
存本取息	存本取息定期储蓄是指个人将属于其所有的人民币一次性存入较大的金额，分次支取利息，到期支取本金的一种定期储蓄。5 000 元起存。存期分为一年、三年和五年

理财贴士 **零存整取的类型**

零存整取的储蓄方式主要分为三类：个人零存整取定期储蓄存款、集体零存整取定期储蓄存款和教育储蓄。个人零存整取定期储蓄存款就是常规的普通家庭适用的零存整取类型；集体零存整取定期储蓄存款是指由企业、事业单位或群众团体集中代办，由员工自愿参加的一种事先约定金额，逐月按约定金额存入，到期支取本息的储蓄存款；教育储蓄是针对在校小学四年级（含四年级）以上学生而开办的零存整取式的定期存款，存款到期储户可凭存折、身份证和户口簿学校提供的正在接受非义务教育的学生身份证明一次支取本息。储户凭“证明”可享受利率优惠，并免征利息所得税。

从表 2-1 可以看到，定期存款的种类较多，适合不同的家庭和有不同储蓄需求的储户。

3 通知存款，兼具活期与定期的优势

通知存款是没有固定期限的一种存款方式，但储户必须要预先通知银行才能提取的存款。通知存款最大的特点在于兼具了活期与定期的优势，因为通知存款的期限分为 1 日和 7 日两种，虽然与定期相同都有期限要求，但期限较短，操作比较灵活。现行通知存款利率为：一天通知存款利率 0.55%，七天通知存款利率 1.1%。

通知存款按日计息，利率视通知期限长短而定，一般高于活期，低于定期存款。存款经通知而到期，存款人不提取的部分，过期不计利息。这种存款有利于银行安排头寸，保证适度的清偿能力，提高资金利用效果，又使短期闲置资金获得较大收益，提高存款人的积极性。

需要注意的是，通知存款适合大额储蓄，因为起存门槛较高。个人通

知存款的最低存款金额为 5 万元（含）；外币通知存款的最低存款金额各地区略有不同，约为等值人民币 5 万元（含）。企业通知存款起存金额为 50 万元。

需要注意的是，如果储户的通知存款出现以下五类情况，银行则会按照支取日挂牌公告的活期存款利率计息。

①实际存期不足通知期限的，按活期存款利率计息。

②未提前通知而支取的，支取部分按活期存款利率计息。

③已办理通知手续而提前支取或逾期支取的，支取部分按活期存款利率计息。

④支取金额不足或超过约定金额的，不足或超过部分按支取日活期存款利率计息。

⑤支取金额不足最低支取金额的，按活期存款利率计息。

通知存款通常比较适合近期要支取大额活期存款的储户，一般提前通知取款的期限设定为 7 天比较合理。

2.2 定期理财，除了存钱还可以理财

银行理财除了储蓄之外，还可以做定期理财。定期理财与定期存款有些类似，都属于定期，但却存在较大的不同，前者属于理财，后者属于存款。

定期理财是将资金锁定一定的期限，在期限内，银行将募集的资金投资于资管计划、同业等。银行获得收益后，扣除管理费用，将剩余收益按比例给予客户。

因此，与定期存款不同之处在于定期理财属于理财产品，不受存款保险制度保障，风险由投资者自担。定期理财根据收益固定与否分为两种类型，即固定收益型的定期理财和浮动收益型的定期理财。

❶ 定期理财——固定收益

固定收益型的定期理财指投入一定的资金，持有规定的期限，到期按期支付收益，收益在这个投资期内不变。固定收益型的定期理财具有以下特点：

①投资的收益是固定不变的。

②投资风险较低，安全性较高。

③资金流动性较差，投资期限固定，无法提前支取。

④部分产品对投资的起购金额有一定要求，具有一定的门槛。

这类的定期理财产品比较适合追求低风险的保守投资人群，且大部分银行中这类固定收益的定期理财产品较多，收益在 3% ~ 4.5%。

下面以工商银行为例进行介绍。

案例故事 在中国工商银行购买固定收益类型的定期理财

打开并登录中国工商银行官网（http://www.icbc.com.cn/），在首页中单击“投资理财”选项卡，在展开的菜单列表中选择“理财 / 理财产品”命令，如图 2-1 所示。

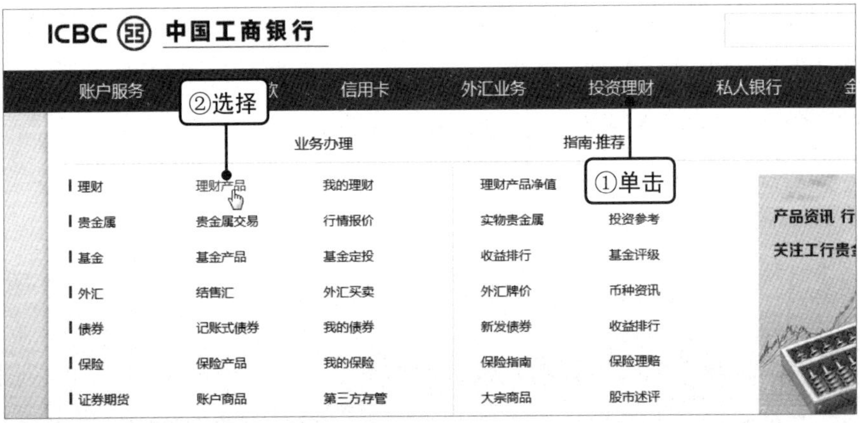

图 2-1　选择“理财产品”命令

进入理财产品列表，在页面中选择适合的理财产品，单击“购买”按钮，如图 2-2 所示。

图 2-2　选择理财产品

从上图可以看到，固定收益类型的定期理财产品有“固定收益类”标识，且下方有明确的投资期限。然后根据页面提示，查看产品信息，确认无误后输入密码完成支付即可。

如果杨先生在募集期以 100 000 元买进“工银理财 · 鑫添益固收增强封闭式理财产品”产品，持有时间 890 天，以业绩基准计算杨先生的理财收益。

100 000×886÷360×4.5%=11 075（元）

根据案例计算来看，定期固定理财收益明显高于定期存款，所以对于家中一些闲置的大额资金，这类理财产品是个不错的选择。当然，也要注意产品的风险提示。

2 定期理财——浮动收益

浮动收益型定期理财与固定收益型定期理财最大的区别在于收益的浮动性，因为固定收益类产品通常以利息收入作为主要来源，期限也比较匹配，所以风险较低。

浮动收益型理财产品一般以买卖价差作为收益来源，受到市场价格波动的影响较大，因此收益难以确定，通常以浮动的收益区间表示。浮动收益型定期理财其收益率通常高于固定收益型的定期理财产品，风险也更高。

浮动收益型的定期理财主要包括两类产品：一是保本浮动收益理财；二是非保本浮动收益理财。

①保本浮动收益理财指在一定投资期限内，对投资者投入的本金提供保障，但只保障本金安全，不保证盈利，也不保证最低收益。

②非保本浮动收益理财指对投资者投入的本金不提供保障，也不保证收益，也就是说，投资者的本金和收益都有可能遭受损失。

下面同样以中国工商银行为例进行讲解。

案例故事 在中国工商银行查看浮动收益类型定期理财

在理财产品页面，通过翻页选择浮动收益类定期理财产品，单击产品后的“购买”按钮，如图 2-3 所示。

图 2-3　选择理财产品

从上图可以看到，浮动收益类的定期理财产品没有了“固定收益类”标识，基准收益也变成了浮动区间。然后投资者根据页面提示，查看产品信息，确认无误后输入密码完成支付即可。

浮动收益的理财产品在持有的产品没有变现之前，市场价格的波动变化难以预计，所以账面的盈利或损失暂时还不能算是真正的盈利或损失，当在适当价位卖出资产时或理财终止日兑现收益时，浮动收益就会变成现实收益。

3 定期理财与定期存款怎么选择

在了解定期理财之后可以发现，虽然定期理财与定期存款都具有固定期限的特点，但是二者有很大差异，具体如下：

安全性。定期理财与定期存款的安全性不同。定期存款的本金和利息有国家相关法律的保护，安全性更高，但定期理财属于理财产品，安全性相对较低，风险更大。

收益率。定期理财产品的年利率普遍比定期存款更高，所以投资收益率更高。

流动性。定期理财产品的资金流动性低于定期存款。虽然二者都有期限限制，但定期存款可以随时取出，只是会影响利息，而定期理财产品则不能在开放日之前提前赎回。

起息日。所有的银行存款都是存入当天起开始计息，产生收益；但理财产品则设有固定的起息日，投资者在募集期间买入理财产品后，不会立即计算收益，需要等到募集期结束，在指定的起息日开始计息，即募集期是没有收益的。

定期理财和定期存款是银行的主要业务，客户数量占据银行总客户的70%左右。两者之间没有谁更好的说法，因为定期存款和定期理财在收益率、安全性和流动性方面存在差异，所以投资者需要根据自己的理财规划和风险偏好进行选择。

2.3 银行理财也要小心，谨防盲点

银行向来以稳定、安全受到投资人的青睐，但是看起来安全的银行理财产品，在实际销售过程中也存在一些需要辨明的地方。如果投资者不够小心，没有理清一些盲点，很有可能掉入陷阱中。

❶ 盲点一：自发与代售

银行中的理财产品分为两类：一类是自己发行的产品；另一类是代销其他金融机构发行的产品，也就是自发与代销。个别销售人员在推荐理财产品时常会刻意模糊自发与代销。那么，两者之间存在哪些区别呢？具体内容如表 2–2 所示。

表 2–2　自发与代销的区别

项　目	区　别
发行的主体	银行自己发行的理财产品，其发行主体是银行，而代销的理财产品，其发行主体则可能是某公司
风险	银行自营的理财产品通常为固定收益类产品，风险较低；而代销的理财产品风险通常更高，有的产品甚至需要投资者风险等级在稳健或以上才适合参与
担保责任	任何一款金融理财产品都存在一个基本原则，即谁发行谁承担最终的责任。因此，银行自发的产品，银行承担管理责任和风险责任。但在银行购买其他金融机构发行的理财产品，对银行来说，只是代理销售，并没有承担风险的责任

因此，银行自发的理财产品其安全性高于代销的产品。投资者在购买之前应明确发行的主体是银行，还是其他金融机构。

通常来说，投资者自行在银行官网购买时，可以在理财产品上看到“自营”或是“代销”的标识。图 2–4 所示为中国工商银行的自营与代销理财产品。

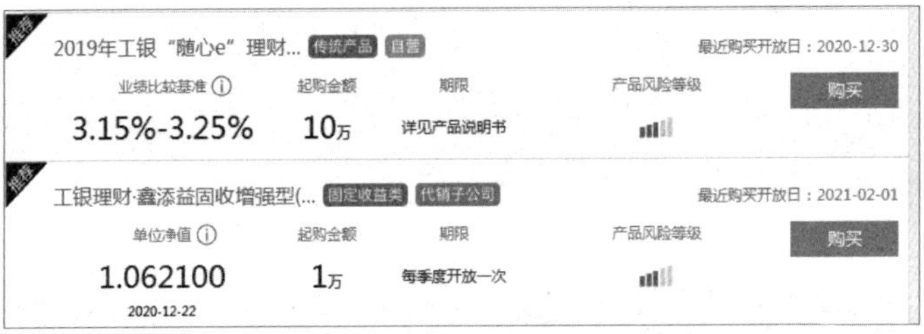

图 2–4　查看自营与代销标识

如果是由推销人员推荐购买，则可以查看产品编码。凡是银行自发的理财产品，在产品说明书中，会有一个以大写字母“C”开头的 14 或 15 位产品登记编码。只要在中国理财网的搜索框内输入该登记编码就会查询到对应的产品，能查看发行机构以及产品的真伪。

下面以中国工商银行中“2019 年工银‘随心 e’”产品为例进行查看。

案例故事 查询理财产品发行机构

在工商银行的理财产品页面，选择“2019 年工银‘随心 e’”选项，如图 2-5 所示。

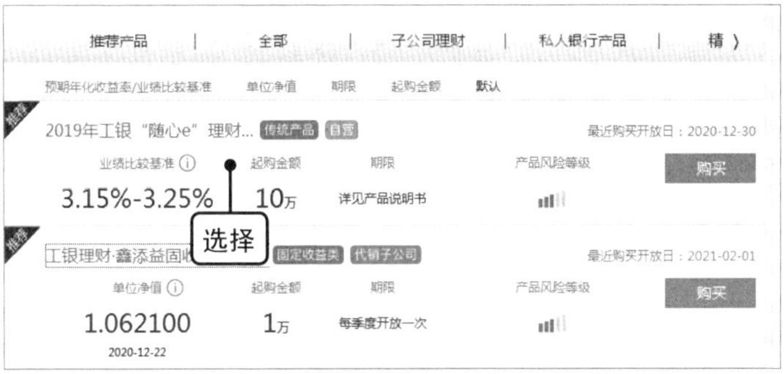

图 2-5　选择产品

打开产品介绍说明书 PDF，在产品概述中查看产品的编码，如图 2-6 所示。

产品名称	2019年工银“随心e”理财第3期
产品代码	GSXE1903
理财信息登记系统登记编码	C1010219003609。个人客户可依据本产品的登记编码在“中国理财网（www.chinawealth.com.cn）”查询产品信息。
产品风险评级	PR3（本产品的风险评级仅是工商银行内部测评结果，仅供客户参考）
期限	无固定期限
本币币种	人民币

查看

图 2-6　查看产品编码

打开中国理财网官网（https://www.chinawealth.com.cn/），在首页“鉴别产品真伪”版块中的查询文本框中输入产品编码，然后单击“查询”按钮，如图 2-7 所示。

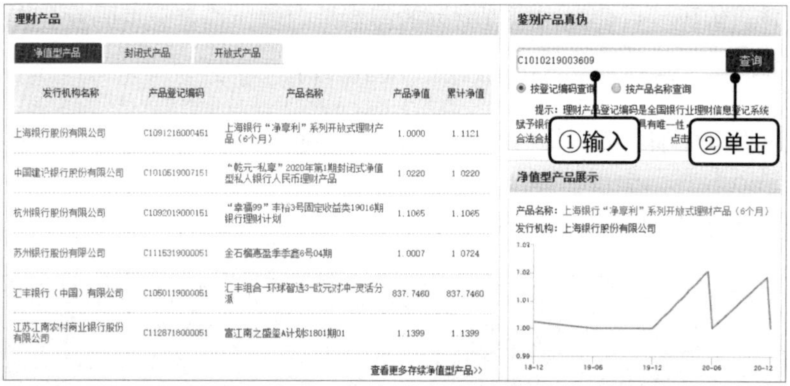

图 2-7　输入编码

进入查询结果页面，在页面中可以查看到产品的发行机构，如果没有产品信息则说明是虚假产品。如图 2-8 所示，可以看到“2019 年工银‘随心 e’”产品确实是中国工商银行发行的自营产品。

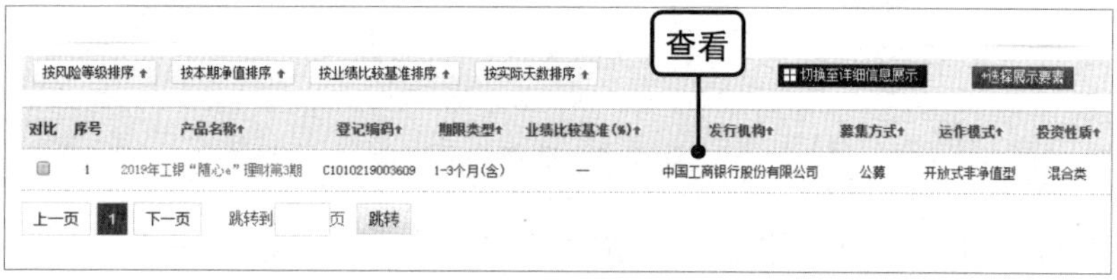

图 2-8　查看结果

注意，根据《商业银行销售银行理财产品与代销理财产品的规范标准和销售流程》规定，不论是银行自营的理财产品还是代销其他机构的产品，银行在开展相关业务时都有义务将自身的职责履行到位，将合适的产品销售给合适的客户。因此，投资者在通过推销人员购买时，推销人员应主动说明。如果推销人员没有说明，投资者应主动询问产品信息，选择与自身风险承受能力等级相匹配的理财产品。

最后需要说明的是，代销的理财产品与自营的理财产品各有各的优势，并不是说代销的产品就比较差，也有一些比较优质的代销产品。但要求投资者在清楚知道实情的情况下理智购买，选择与自己风险承受能力相匹配的产品。

2 盲点二：理财变保险

理财变保险也是比较常见的一种问题。尤其是一些年龄较大的中老年人，有大额钱款需要办理定存时，一些销售人员会介绍“理财产品”，利率比存款利率更高，但最后投资者才发现购买的理财产品变成了保险。

哈尔滨的朱女士到银行想购买理财产品，此时工作人员向其推荐了 3 年期满、5 年期满可以取回本金和利息的百年人寿的保险产品，称利息远高于银行存款。于是朱女士及其家人从 2016 年开始陆续花费了 840 万元购买该产品。

随后朱女士才发现，自己购买的并不是银行的理财产品，而是保险，并且被告知本金和利息需要在 71 年以后才能取回，而且利息远远低于银行的活期利率。

如果朱女士想要提前终止合同，办理退保，则本金会损失很多。且即便朱女士能在 71 年之后取出本金和利息，到时她已经 108 岁了！

当朱女士找到银行协商处理时，工作人员告诉她，当初销售产品的人不是银行员工而是保险公司的销售人员。当朱女士找到保险公司时，保险公司表示该工作人员已经辞职了。

这个案例是比较典型的，真实发生的理财变保险的例子。实际上，发生这种事情的根本原因在于投资者自身缺乏理财知识，无法区分理财产品与保险产品，即便是拿着保险合同阅读，也会因为一些专业术语难以理解而放弃。

因此，要想避免这类型的问题，可以从以下三点入手：

选择正规的购买渠道。投资者可以自行在网上办理，不管是定期存款，还是定期理财，都可以通过网络办理。投资者在自行办理时通过产品类别筛选就可以选择到指定的心仪产品。如果是现场办理则应到银行网点的柜台，那里会有专门的人员为投资者讲解。根据2010年发布的《关于进一步加强商业银行代理保险业务合规销售与风险管理的通知》中已经明令禁止了保险人员到银行驻点，所以与我们交谈的就是银行人员。

了解相关的理财基础知识。即便是银行人员与我们交流，投资者自身也要掌握一定的理财知识才能分辨对方是否介绍清楚，可以多阅读一些财经资讯和理财相关书籍。

仔细阅读产品合同。合同是对产品的详细介绍，无论是理财产品，还是保险产品，都有具体的产品合同。只要投资者仔细阅读产品合同就能快速区分产品类型，避免受骗。

❸ 盲点三：各类收益率

投资者在购买理财产品时常常会看到关于收益率的各类描述，例如年利率、年化收益率以及业绩比较基准等。投资者要明确这些收益率描述的具体含义，不要被表面的收益数据迷惑，而做出错误的投资决策。

表2-3所示为各类收益率名词的解释。

表2-3 各类收益率名词的解释

名　词	说　明
利率	利率指一定时期内利息额与本金的比率。根据计算的周期不同，分为年利率、月利率和日利率，其中月利率＝年利率 ÷12；日利率＝年利率 ÷360＝月利率 ÷30
预期收益率	预期收益率为期望收益率，指如果没有出现意外，根据已知信息预测到期可能得到的收益率，但最终收益以实际运作收益结算

续表

名　词	说　明
业绩比较基准	业绩比较基准是参考同行业同类产品得到的收益率，但最终投资者得到收益率仍然要以资金的实际运作收益来结算
7 日年化收益率	在货币基金、养老保障管理产品以及银行活期理财中常常会看到 7 日年化收益率的描述，指的是该理财产品在最近 7 天的平均年化收益率，是过去已经确定的收益率，但并不代表未来的收益率
近 1 年涨跌幅	有的理财产品也会用“近 1 年涨跌幅”来进行描述，指的是当前的净值相对于初始净值而言的涨幅或跌幅，是过去的收益率。例如 2020 年 5 月 1 日基金的净值是 1.5 元，2019 年 5 月 1 日基金的净值是 1.3 元，则基金的近一年涨幅是 15.38%

其中，尤其需要注意预期收益率和业绩比较基准，两者都不是实际收益率，描述上存在较大差异，实际也存在较大区别。

两者衡量的性质不同，预期收益率是将理财产品某段时间的收益作为估算标准，假设未来保持这个收益水平而得到的预期收益率；业绩比较基准则是以实际同类产品业绩情况作为估算标准，而得到的收益率结果，以便给投资者一个比较直观的参考数据。

2018 年发布的《商业银行理财业务监督管理办法》中第二十六条明确提到，商业银行发行理财产品，不得宣传理财产品预期收益率。在理财产品宣传销售文本中只能登载该理财产品或者本行同类理财产品的过往平均业绩和最好、最差业绩，并以醒目的文字提醒投资者，“理财产品过往业绩不代表其未来表现，不等于理财产品实际收益，投资须谨慎”。所以，如今市面上的理财产品基本以“业绩比较基准”来进行描述。

但是，投资者需要明确的是，无论是预期收益率，还是业绩比较基准都不是实际收益率。到期收益率都以实际运作结果来进行结算，有可能高于业绩比较基准，也有可能低于业绩比较基准。

一些金融理财产品，会在收益率描述上玩文字游戏。投资者首先要明确各类描述的意思，学会分辨其中的问题；其次，不要被表面的高额收益数据迷惑，可以换算成年化收益率进行比较。

例如某理财产品，期限为20个月，宣传收益率为10%，看起来挺高的。假设该收益率为到期收益率，折算成年化收益率为：$10\% \div 20 \times 12=6\%$，这样就能更清晰地比较了。

第3章

债券低风险投资收入也可观

债券是一项众所周知的低风险理财产品，也是大部分保守型投资者的首选。但是，很多人对债券的认识比较单一，除了低风险和低收益之外，再无其他。实际上，债券中隐藏着许多技巧，运用得当收益也很可观。

3.1 债券入门知识了解

想要做债券投资首先要对债券有一定了解，掌握相关的知识，才能在实际投资过程中更游刃有余。

❶ 债券是怎么一回事儿

债券是一种金融契约，是政府、金融机构及工商企业等直接向社会筹借资金时，向投资者发行，同时承诺按一定利率支付利息并按约定条件偿还本金的债权债务凭证。

投资者购买债券的同时，就与债券发行者形成了一种债权债务关系。债券发行人为债务人，投资者为债权人。

需要注意的是，债券的本质是债的证明书，具有法律效力。因此，在债券上必须载明基本内容，以便表明债权人与债务人之间的权利与义务。具体内容如表 3–1 所示。

表 3-1　债券的基本要素

要　素	内　容
债券面值	债券面值指债券的票面价值，也是发行人对债券持有人在债券到期后应偿还本金的数额，更是发行人向债券持有人按期支付利息的计算依据。但是债券的面值与债券的实际发行价格并非绝对一致，当发行价格大于债券面值时为溢价发行，例如面值为 100 元的债券，发行价为 101 元；当发行价小于债券面值时为折价发行，例如面值为 100 元的债券，发行价为 99 元；等价发行称为平价发行

续表

要　素	内　容
偿还期	偿还期指发行人在债券上载明的偿还债券持有人本金的期限
付息期	付息期指发行人在债券上载明的支付债券持有人利息的时间。因为债券的种类不同，所以付息期也有多种方式，包括到期一次性支付，每年支付、每半年支付以及每 3 个月支付等。另外，到期一次性付息的债券，其利息通常是按单利计算的；而年内分期付息的债券，其利息是按复利计算的
票面利率	票面利率指的是债券利息与债券面值的比率，它在数额上等于每年应付给债券持有人的利息总额与债券总面值相除的百分比
发行人名称	发行人名称指明债券的债务主体，为债权人到期追回本金和利息提供依据

上述表格中叙述的债券要素并非全部印刷在票面上。很多情况下，债券发行者是以公告或条例的方式向社会公布债券的期限和利率。

而且债券的种类有很多，不同的债券具有不同的特点，具体如下所示：

（1）按照债券的发行主体进行划分

按照债券的发行主体进行划分，可以将债券分为政府债券、金融债券和企业债券。

①政府债券指政府为筹集资金而发行的债券，主要包括国债、地方政府债券等，其中最主要的是国债。国债信誉好、利率优、风险小，又被称为“金边债券”。除了政府部门直接发行的债券外，有些国家把政府担保的债券也划归政府债券体系，称为政府保证债券。这种债券由一些与政府有直接关系的公司或金融机构发行，并由政府提供担保。

②金融债券是由银行和非银行金融机构发行的债券，在我国金融债券主要由国家开发银行、进出口银行等政策性银行发行。金融机构有雄厚的资金实力，信用度较高，因此金融债券往往有良好的信誉。

③企业债券指由企业发行的债券，在我国企业债券分为企业债券和公司债券。企业债券是按照《企业债券管理条例》规定发行与交易，由国家发展和改革委员会监督管理的债券。在实践中，其发债主体为中央政府部门所属机构、国有独资企业或国有控股企业，因此它在很大程度上体现了政府信用；公司债券的管理机构为中国证券监督管理委员会，发债主体为按照《中华人民共和国公司法》设立的公司法人，在实践中，发行主体为上市公司，信用保障是发债公司的资产质量、经营状况、盈利水平和持续赢利能力等。

（2）按照债券的形态划分

按照债券的形态划分，可以将债券分为实物债券、凭证式债券和记账式债券。实物债券是一种具有标准格式的实物券面的债券；凭证式国债是指国家采取不印刷实物券，而用填制国库券收款凭证的方式发行的国债；记账式债券指没有实物形态的票券，以电脑记账方式记录债权，通过证券交易所的交易系统发行和交易。

（3）按照债券是否可转换划分

按照债券是否可转换划分，可以将债券分为可转换债券和不可转换债券。可转换债券是指在特定时期内可以按某一固定的比例转换成普通股的债券，它具有债务与权益双重属性，属于一种混合性筹资方式；不可转换债券是指不能转换为普通股的债券，又称为普通债券，由于其没有赋予债券持有人将来成为公司股东的权利，所以其利率一般高于可转换债券。

（4）按照债券的付息方式进行划分

按照债券的付息方式进行划分，可以将债券分为零息债券、定息债券和浮息债券。零息债券，也叫贴现债券，是指债券券面上不附有息票，在票面上不规定利率，发行时按规定的折扣率，以低于债券面值的价格发行，到期按面值偿付的债券；固定利率债券是将利率印在票面上并按期向债券持有人支付利息的债券，该利率不随市场利率的变化而调整，因而固定利率债券可以较好地抵御通货紧缩风险；浮动利率债券的息票率是随市场利率变动而调整的利率。

2 债券投资的安全性

都说债券是一种比较安全的投资品种，那么其安全性是怎么来的呢？

首先我们来看看债券投资可能存在的风险，具体如表 3-2 所示。

表 3-2　债券投资的风险

风　　险	具体介绍
违约风险	违约风险也称为信用风险，指的是债券发行人不能按时支付足额债券利息或偿还本金，给债券投资者带来损失的风险
价格风险	价格风险指因为利率变化而引起的债券价格实时波动变化，给投资者带来的风险。但是，对于准备持有到期的债券持有人来说，价格波动变化没有影响，因为投资者的投资收益为最终的利息收入
购买力风险	购买力风险也是通货膨胀风险，指因为通货膨胀，货币贬值使得投资者实际收益缩水的风险
流动性风险	流动性风险又称变现能力风险，指投资者在紧急需要资金时无法以合理的价格将债券卖出而承担的风险

在众多的风险中，对债券影响最大、最需要警惕的是违约风险。违约风险常出现在企业债券中。那么，是不是说投资者投资企业债券风险就比较大呢？结果当然不是。

首先，能够发行债券的企业通常都拥有雄厚的资金实力，且为了保护投资者的相关利益，债券的发行者都要经过相关部门的严格审查，只有信誉度较高的筹资者才会被批准发行债券，而且公司发行的债券大多需要进行担保。其次，一旦发行企业出现破产或清算时，会优先偿还债券持有者的债券。

因此，总的来看债券投资安全性较高，相比其他证券投资风险更小。

3 债券投资的收益来源有哪些

债券的收益来源主要分为三类：票面利率、资本利得和债券利息再投资收益，下面分别进行介绍：

（1）票面利率

票面利率是债券投资的主要收益来源之一，这是在债券发行之初就确定了的，除了保值贴补债券和浮动利率债券，债券的利息收入不变。债券的收益公式如下：

债券收益（息票）= 票面利率 × 债券面值

从债券收益公式可以看出，决定债券投资收益高低的是票面利率。当票面利率越高，债券投资的收益就越大，反之则越小。

而影响票面利率高低的关键因素在于基准利率水平、期限、发行者的信用程度和市场流动性等。其中，最关键的因素是信用度，因为债券投资的主要风险在于违约风险，所以一些信用度相对稍差的企业债券会提高票面利率来吸引投资者。

以国债为例，来看一下收益：某投资者 2015 年 1 月 1 日以 99 元的价格购买了 50 000 元面值为 100 元、利率为 5.75%、5 年期国债。2020 年 1 月 1 日，一次还本付息，投资者持有该债券至到期日，计算收益如下：

50 000 × 5.75% × 5=14 375（元）

（2）资本利得

资本利得指的是买入债券后，债券净价上涨，卖出价格与买入价之间的差额。债券购买时的价格越低，卖出的价格越高，投资者的收益就越高。

例如，某投资者以 99 元的价格买进面值为 100 元的债券，持有期间发现二级市场中该债券转卖价格为 105 元，此时投资者将手中的债券以 105 元的价格转卖出去，获得的资本利得为：105−99=6（元）。

同样，还要注意资本损失，它与资本利得相对，指的是债券卖出价格低于债券买入价格，中间的差额为资本损失。

（3）债券利息再投资收益

我们知道债券付息方式分为到期付息债券和分期付息债券，债券利息再投资收益指投资者投资分期付息债券，将分期付息债券的利息收入（在债券计息时间终止前）再投资于付息债券（记入本金）而获得的收益。

综上所述，债券的收益来源比较丰富，并非单一的利率收益，投资者可以根据实际情况灵活操作，以便获得更可观的收益。

3.2 公认的最安全投资——国债

通过前面的介绍我们知道，国债是以国家信用为基础，按照债的一般原则，通过向社会筹集资金所形成的债权债务关系。国债是由国家发行的债券，是中央政府为筹集财政资金而发行的一种政府债券，是中央政府向投资者出具的、承诺在一定时期支付利息和到期偿还本金的债权债务凭证。

由于国债的发行主体是国家，所以它具有最高的信用度，也因此被公认为是最安全的投资工具，受到广大投资者的追捧。

1 什么人最适合买国债

要想了解国债适合的投资人群就要从国债的特点出发进行了解，国债具体的特点如图 3-1 所示。

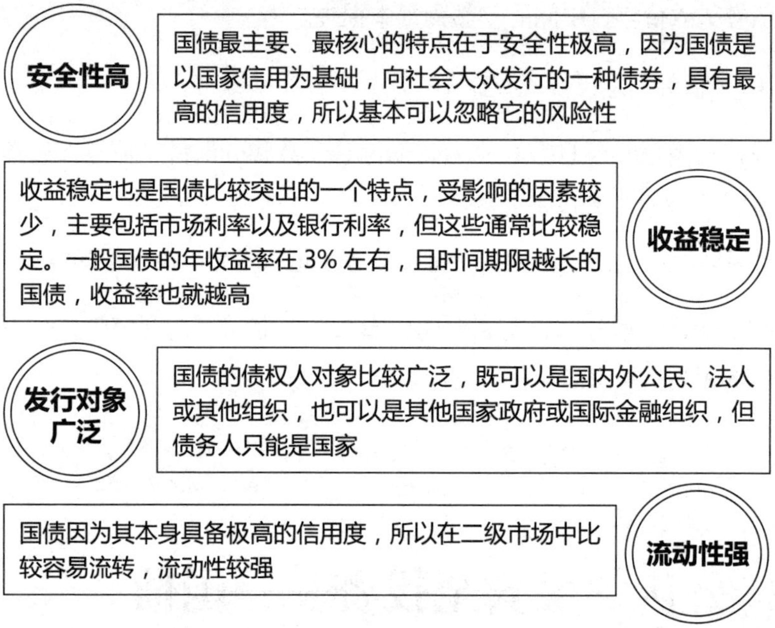

图 3-1　国债的特点

从图 3-1 可以看到，国债的优势在于安全、收益稳定。这样的投资特点比较适合厌恶投资风险的保守型投资者，以及没有投资经验或是没有时间和精力管理投资，又期望能获得稳定收益的投资者。

2 三种国债怎么选择

如今市面上比较常见的国债有三种类型，即记账式国债、凭证式储蓄国债和电子式储蓄国债，它们各有特点。我们在实际投资选择之前必须对它们有足够的了解，具体如下所示：

（1）记账式国债

记账式国债又名无纸化国债，是由财政部通过无纸化方式发行的、以电脑记账方式记录债权，并且可以上市交易的债券。

因为记账式国债无纸化，以记账的形式来记录债权，所以投资者在进行记账式国债买卖交易之前必须在证券交易所开设账户，还可以记名和挂失。也因为无纸化的交易操作，使得投资效率更高。

记账式国债的特点如表 3-3 所示。

表 3-3　记账式国债的特点

特　点	内　容
收益高	记账式国债的收益率普遍高于同期的存款利率
复利计息	记账式国债根据不同的时间年限，有不同的付息方式，包括半年付或年付，这些利息可以用来再投资，也就是复利计息
提前兑付	记账式国债可以提前支取，当投资者提前支取记账式国债时可以获得固定的应计利息，但是剩下差价部分的利息，由当时市场国债卖出的实际价格决定
流动性	债券投资最担心的是流动性，而记账式国债能够上市交易的这一特点很好地规避了这一问题。投资者既可以持有到期获得债券的到期收益，也可以中途买卖赚取差价。但如果中途交易差价收益过低，投资者也可能会损失利息甚至是本金

（2）凭证式储蓄国债

凭证式储蓄国债是国家采取不印刷实物券，而用填制国库券收款凭证的方式发行的国债。它是以国债收款凭单的形式来作为债权证明，可以记名和挂失，但是不能上市流通交易，有固定利率和年限，从购买之日起计息，到期一次性提取本金和利率，免交利息税。

在凭证式储蓄国债持有期内，投资者如果需要提前兑付，可以到购买网点提前兑取，但如果投资者提前赎回则不能享受同期限固定利率。凭证式国债与银行的定期存款类似，在持有期都可以提前支取，但不同的是银行定期存款提前支取时，按照活期存款利率计算，而凭证式国债和大额存单一样，其利息按实际持有天数及相应的利率档次计算。另外，经办机构按兑付本金的 0.1% 收取手续费。

凭证式国债提前支取，计息分档如下：

①持有凭证式国债不到 6 个月，不计算利息。

②持有凭证式国债半年及以上且不满 1 年，按照 0.74% 的利息率计算。

③持有凭证式国债 1 年及以上且不满两年，按照 2.74% 的利息率计算。

④持有国债两年及以上且不满 3 年，按照 3.49% 的利息率计算。

⑤如果购买了 5 年期凭证式国债，持有 3 年及以上且不满 4 年，按照 4.01% 的利息率计算。

⑥如果购买了 5 年期凭证式国债，持有 4 年及以上且不满 5 年，按照 4.15% 的利息率计算。

需要注意的是，不管投资人持有的时间多长，只要提前支取国债，都要支付 0.1% 的手续费。所以如果投资者持有不到 6 个月的情况下提前支取，不仅不会计算利息，还需要支付手续费。因此，凭证式储蓄国债不适合短期持有，长期持有更划算，收益更可观。

（3）电子式储蓄国债

电子式储蓄国债是财政部面向境内中国公民发行的，以电子方式记录债权的人民币债券。与凭证式储蓄国债相比，电子式储蓄国债有专门的计算机系统用于记录和管理投资人的债权，免去了投资者保管纸质债权凭证的麻烦，债权查询方便。按年付息，存续期间利息收入可用于日常开支或再投资。

电子式储蓄国债不可以流通转让，但同样可以提前支取，只是提取时也需要支付 0.1% 的手续费，并按照不同的计息档位扣息，具体如下：

①持有时间不到 6 个月，不计算利息。

②持有时间半年及以上且不满 1 年，按照发行利率计息，并扣 6 个月利息。

③持有时间 1 年及以上且不满两年，按照发行利率计息，并扣 6 个月利息。

④持有时间两年及以上且不满 3 年，按照发行利率计息，并扣 3 个月利息。

⑤持有时间 3 年及以上且不满 5 年，按照发行利率计息，并扣两个月利息。

另外，在付息日和到期日前 7 个法定工作日起不能办理提前兑取。

例如，投资者购买 5 年期电子式储蓄国债，购买金额为 1 万元，利率为 4.27%。如果投资者持有到期，则利息计算如下：

利息：10 000 × 4.27% × 5=2 135（元）。

如果投资者持有了四年，第五年就取出，此时，计算投资者的最终利息。

手续费：10 000×0.1%=10（元）

应收利息：10 000×4.27%×4=1 708（元）

应扣利息：10 000×4.27%×60÷360=71.17（元）

最终获得利息：1 708−10−71.17=1 626.83（元）

通过 3 种国债的特点来看，记账式国债通过无纸化方式发行，可以上市交易，比较适合有经验的、追求买卖价格差利益的投资者；凭证式储蓄国债类似于银行定期存款，但利率比定期存款更高，可上市交易，可提前兑取，是老年投资者的首选；电子式储蓄国债是不能上市流动的债券，存续期间利息收入可用于日常开支或再投资，比较适合对资金流动性要求不高的稳健型投资者。

3 低买高卖，债券也能“炒”

炒债券，指的是在二级市场上低买高卖，获得利益的投资方式。在公开市场发行的有固定票面利率的债券都可以在二级市场上交易，国债也是如此。但是炒国债主要是指记账式国债，储蓄式国债不能上市交易，所以不存在炒的可能。

债券投资最重要的是收益计算，转卖债券过程中的收益计算是投资者核算收益的关键。而且，相比持有到期的债券收益计算，转卖债券的收益计算更复杂。

因为债券持有人可在债券偿还期内转让债券，所以债券的收益率分为三类：债券出售者的收益率、债券购买者的收益率和债券持有期间的收益率，各自的计算公式如下：

债券出售者的收益率=（卖出价格−发行价格+持有期间的利息）÷（发

行价格 × 持有年限）× 100%

债券购买者的收益率 =（到期本息和 − 买入价格）÷（买入价格 × 剩余期限）× 100%

债券持有期间的收益率 =（卖出价格 − 买入价格 + 持有期间的利息）÷（买入价格 × 持有年限）× 100%

例如，某投资者 2017 年 1 月 1 日以 102 元的价格购买了一张面值为 100 元、利率为 10%、每年 1 月 1 日支付一次利息的 2015 年发行 5 年期国库券，并持有到 2018 年 1 月 1 日，则债券投资收益率计算如下。

债券购买者收益率 =[（100+100 × 10%−102）÷（102 × 1）] × 100%=7.8%

债券出售者的收益率 =[（102−100+100 × 10% × 2）÷（100 × 2）] × 100%=11%

此外，投资者还需要掌握债券买卖的交易流程，才能在时机出现时快速出手。债券交易按照交易地点划分，可以分为场内交易和场外交易两种，具体如下所示。

（1）场内交易

场内债券交易也被称为交易所交易，交易的所有程序都要按照证券交易所规定，并且各个步骤明确、严格。债券的交易程序包括 5 个步骤：开户、委托、成交、清算和交割、过户，具体如下：

开户。债券投资者要进入证券交易所参与债券交易，必须先选择一家可靠的证券经纪公司，并在该公司办理开户手续。首先，与证券公司订立开户合同；其次，开立账户。在我国上海证券交易所允许开立的账户有现金账户和证券账户。现金账户只能用来买进债券并通过该账户支付买进债券的价款，证券账户只能用来交割债券。

委托。投资者想要买进卖出债券时，还必须与证券公司办理证券交易委托关系。投资者与证券公司的办事机构联系发出委托，证券公司接到委托后，按照投资者的委托指令，填写“委托单”，将投资交易债券的种类、数量、价格、开户类型和交割方式等一一载明，并将“委托单”及时送达证券公司在交易所中的驻场人员，由驻场人员负责执行委托。

成交。证券公司在接受投资客户委托并填写委托说明书后，就要由其驻场人员在交易所内迅速执行委托，促使债券成交。无论是买方，还是卖方都需要遵循“三先”原则，即价格优先、时间优先和客户委托优先。价格优先指证券公司按照交易最有利于投资委托人利益的价格买进或卖出债券；时间优先指在相同的价格申报时，应该与最早提出该价格的一方成交；客户委托优先主要是要求证券公司在自营买卖和代理买卖之间，首先进行代理买卖。

清算和交割。债券交易成立以后就必须进行券款的交付，即买方需要支付现金，卖方需要交出债券，这就是债券的清算和交割。其中，债券的清算是指对同一证券公司在同一交割日对同一种债券的买和卖相互抵销，确定出应当交割的债券数量和应当交割的价款数额，然后按照“净额交收”原则办理债券和价款的交割。而债券的交割就是将债券由卖方交给买方，将价款由买方交给卖方。

过户。过户是指将债券的所有权从卖方名下转移到买方名下。在办理交割手续时，买方需要携带个人资料到证券公司的过户机构进行过户。卖方需要提供过户通知书并盖章，而买方需要提供印章盖章。

（2）场外交易

场外债券交易就是证券交易所以外的证券公司柜台进行的债券交易，场外交易又包括自营买卖和代理买卖两种。

◆ 自营买卖

场外自营买卖债券就是由投资者个人作为债券买卖的一方，由证券公司作为债券买卖的一方，其交易价格由证券公司自己挂牌。自营买卖的交易程序比较简单，具体如下：

①买入、卖出者根据证券公司的挂牌价格，填写申请单，申请单上载明债券的种类、提出买入或卖出的数量。

②证券公司按照买入、卖出者申请的券种和数量，根据挂牌价格开出成交单。成交单的内容包括交易日期、成交债券名称、单价、数量、总金额、票面金额、客户的姓名和地址、证券公司的名称和地址、经办人姓名以及业务公章等，必要时还要登记卖出者的身份证号。

③证券公司按照成交单，向客户交付债券或现金，完成交易。

◆ 代理买卖

场外代理买卖指投资者个人委托证券公司代其买卖债券，证券公司仅作为中介而不参与买卖业务，交易价格由委托买卖双方分别挂牌，达成一致后形成。场外代理买卖的程序如下：

委托人填写委托书。内容包括委托人的姓名和地址、委托买卖债券的种类数量和价格以及委托日期和期限等。委托卖方要交验身份证。

缴纳委托书。委托人将填好的委托书交给委托的证券公司，其中买方需要缴纳一定的保证金，卖方需要交出相应的债券，证券公司开具临时票据。

挂牌。证券公司根据委托人的买入或卖出委托书上的基本要素，分别为买卖双方挂牌。

交易原则。买卖双方为一对一交易，可通过双方讨价还价，促使债券成交；如果买方、卖方为多人，则根据“价格优先、时间优先”的原则，按顺序办理交易。

填写成交单。债券成交后，证券公司填写具体的成交单，内容包括成交日期、买卖双方的姓名、地址及交易机构名称、经办人姓名以及业务公章等。

交易完成。买卖双方接到成交单后，分别交出价款和债券。证券公司收回临时收据，扣收代理手续费，办理清算交割手续，完成交易过程。

虽然场外交易和场内交易都可以完成债券投资交易，但是对于投资新手来说，选择场外交易会更方便一些，例如在一些证券公司的官网或柜台交易。

3.3 进可攻退可守的可转债投资

可转换债券是债券中比较特殊的一个品种，它既可以持有到期享受债券收益，也可以转换成股票享受高收益。正是因为这种可转换性，使得可转债在投资操作中能够更加灵活，便于投资者抓住更好的获利时机。

1 具有债性和股性的可转债

可转换债券指的是债券持有者可以在一定时期内，在特定的条件下，按照一定的比例或价格将其转换成普通股票的企业债券。

从可转换债券的概念就可以看出，可转换债券具有债券和股票的双重特性，即具有债性和股性，包括以下三个特点：

债权性。债权性指可转换债券与其他债券一样，也有债券的基本要素，即规定的利率和期限，投资者可以简单持有债券，直到偿还期满收取本金和利息。

股权性。股权性指的可转换债券转换成股票之后，债券持有人就从原本的债权人变为了公司股东，可以享受股票的红利分配，也可以参与企业的经营决策。

可转换性。可转换性是可转换债券最大的特点，即债券持有人可以按照约定的条件将债券转换成股票。这是可转换债券持有人享有的特殊选择权，是一般债券所没有的。可转换债券通常在发行之初就明确约定，债券持有人可按照发行时约定的价格将债券转换成公司的普通股票。但如果债券持有人不想转换，也可以继续持有债券，直到偿还期满时收取本金和利息，或者在流通市场出售变现。如果持有人看好发债公司股票的增值潜力，在宽限期之后可以行使转换权，按照预定转换价格将债券转换成为股票，发债公司不得拒绝。正因为具有可转换性，可转换债券利率一般低于普通公司债券利率，企业发行可转换债券可以降低筹资成本。

也就是说，当可转换债券的债券价值大于股票价值时，投资者可以持有可转换债券到期；当可转换债券的股票价值大于债券价值时，投资者可以将可转换债券转为股票。可转换债券的转换价值就是转换成股票的价值，计算公式如下：

转换价值 = 股票时价 × 转换比率

转换比率 = 债券面值 ÷ 转换价格 = 股票数 ÷ 可转换债券数

例如，某可转换债券面值为 100 元，进行转换时普通股价格规定为 10 元，10 元则为转换价格，此时可转换债券的转换比率为：100 ÷ 10=10。

因为可转换债券的债券面值和转换价格在发行之初就已明确规定，只要可转换债券发行公司并未对转股价格或转换比例做调整，那么可转换债券的转换价值就与标的股票价格有关。当股票处于牛市，股票价格上涨，那么可转换债券的转换价值高，反之则转换价值低。

此外，可转换债券是一种比较复杂的债券，在决定是否转换之前，投资者必须掌握可转换债券关于“转换”的相关要素，具体如表 3-4 所示。

表 3-4　可转换债券的转换要素

要　素	意　义
有效期	可转换债券的有效期与其他债券相同，指的是债券从发行之日起至偿清本息之日的存续期间
转换期限	转换期限指的是发行机构规定的可转换债券可以转换成普通股票的时间。在该期限内，持债人可以自由按照转换比例或转换价格完成债券对股票的转换。我国《上市公司证券发行管理办法》规定，可转换公司债券的期限最短为 1 年，最长为 6 年，自发行结束之日起 6 个月方可转换为公司股票
转换比率	转换比率指一定面额的可转换债券可转换成普通股票的股数，公式为：转换比率 = 可转换债券面值 / 转换价格
转股价	转股价指可转换公司债券转换为每股股票所支付的价格，可转换债券通常在发行之初就确定了转股价，公式为：转换价格 = 可转换债券面值 / 转换比率
下调转股价条款	如果股市持续暴跌，上市公司为了促进可转债转换为股票，有权下调转股价，这样就可以促使投资者转股了
回售保护条款	回售是为了保护投资人的利益，就是如果正股价格下跌超过转股价下修条款规定的价格时，上市公司又不下调转股价的，那么可转债持有人有权利在回售期内把可转债以回售价格回售给公司
强制赎回条款	指上市公司按照票面金额加一定利息的方式赎回可转债的条件，常见为：30 个交易日内，只要有 15 个交易日正股的股价大于转股价的 130%，那么发行人就可以按照一定价格将可转债赎回

2 可转债打新低风险更稳妥

可转债打新指的是上市公司在发行可转换债券之前，会在市场上放出一些筹码让投资者认购，此时就是打新债，等上市之后就是可转换债券。

因此，打新债实际就是申购即将上市的可转换债券。

打新债为什么广受追捧呢？这就要从它的收益性来看了。打新债获得收益的方式通常有两种：一种是持有债券到期获取债券的利息；二是在债券正式上市时适时卖出，获得打新收益。

通常打新债都是通过第二种方式获取收益。打新债与打新股类似，新债上市首日通常会出现溢价情况，大部分收益在 20% 以上，有些甚至达到 30% 以上。这就意味着，只要投资者中签了，打新债成功，然后在上市当天直接卖出，就能获得 20% 左右的利润。

那么，有人会问打新债就真的没有风险，稳赚不赔吗？其实不是，打新债风险通常很低，新债上市之后当天上涨是很平常的，但也有出现个别新债下跌的可能，只是这种可能性非常小。

打新债非常简单，需要经过下列四个步骤：

（1）开立证券账户

打新债要求通过证券账户进行申购，因此，投资者在打新债之前必须开通证券账户。无论账户内是否持有股票，都可以申购新债。但是，新开通的证券账户当天是无法申购新债的，需等到第二天才可以。

（2）申购

投资者提前了解新债发行的日期、申购代码以及申购上限，然后在买股票的界面输入申购代码、申购上限，确认买入即可。

根据证监会发布的《证券发行与承销管理办法》规定，新债申购由资金申购改为信用申购，参与网上申购的投资者申购时无须预交申购资金，待确认获得配售之后，再按照实际获配金额缴款。

所以，新债申购时不需要预交申购资金，但中签之后需要及时缴款，否则会被视为弃权，中签也无效了。

（3）中签

新债申购之后，通常第二个工作日会公布中签结果。大部分的券商 App 会有短信提示，投资者可以通过短信获得中签结果信息。同时，投资者也可以通过 App 进入“我的申购”界面进行查看。如果投资者中签则需要在当天下午的 4 点之前完成足额缴款。

（4）等上市

申购成功之后，投资者就可以等待上市，一般需要 20 天左右。当新债发行上市后，投资者进入 App 会看到“新债－已发行”的提示。然后，投资者就可以适时卖出，落袋为安了。

总的来看，申购新债是一种风险较低的投资，即便是没有任何投资经验的投资者也可以轻松参与，获得收益。

3 简单持有到期获得利息收益

可转债具有多种投资方式，而持有到期是其中最简单、最便捷的一种。投资者持有可转债，到期后还本付息。可转换债券的利息收入计算公式如下：

可转化债券利息＝本金 × 年化利息率

如果投资者持有可转债到期，那么可转债的到期价值如何计算呢？具体公式如下：

可转债到期价值＝到期赎回价（含有最后一年的利息）＋除去最后一年以外所有未支付的利息之和 ×80%

因为投资者需要扣除 20% 的每年利息税，所以公式中需要利息乘以

80%。另外，公式中的到期赎回价指可转债持有到期，正常退市时发行公司支付给投资者的价格。

下面以一个具体的案例来了解计算公式。

案例故事　持有到期时的可转债价值计算

英特转债（127028）是英特集团公司发行的可转换债券，债券详细信息如图 3-2 所示。

债券转换信息	正股价(元)	18.74	正股市净率	2.88
	债券现价(元)	100.00	转股价(元)	19.89
	转股价值	94.22	转股溢价率	6.14%
	回售触发价	13.92	强赎触发价	25.86
	转股开始日	2021年07月12日	转股结束日	2027年01月04日
	最新赎回执行日	-	赎回价格(元)	-
	赎回登记日	-	最新赎回公告日	-
	赎回原因	-	赎回类型	-
	最新回售执行日	-	最新回售截止日	-
	回售价格(元)	-	最新回售公告日	-
	回售原因	-		
债券信息	发行价格(元)	100.00	债券发行总额(亿)	6.00
	债券年度	2020	债券期限(年)	6
	信用级别	AA+	评级机构	上海新世纪资信评估投资服务有限公司
	上市日	-	退市日	-
	起息日	2021-01-05	止息日	2027-01-04
	到期日	2027-01-05	每年付息日	01-05
	利率说明	第一年0.30%、第二年0.50%、第三年1.00%、第四年1.50%、第五年1.80%、第六年2.00%。到期赎回价为108元(含最后一期利息)。		

图 3-2　可转换债券详细信息

从图 3-2 可以看到，该可转债的发行价为 100 元，债券期限为 2021 年 1 月 5 日至 2027 年 1 月 4 日，共 6 年。债券的票面利率：第一年为 0.30%、第二年为 0.50%、第三年为 1.00%、第四年为 1.50%、第五年为 1.80%、第六年为 2.00%，到期赎回价为 108 元（含最后一期利息）。

投资者如果以票面价值 100 元买进，且持有到期，那么投资者每张债券获得的收益为多少？

前五年的利息计算：（100×0.30%+100×0.50%+100×1.00%+100×1.50%+100×1.80%）×80%=（0.3+0.5+1+1.5+1.8）×80%=4.08（元）

可转债到期价值 =108+4.08=112.08（元）

持有到期总收益为：112.08−100=12.08（元）

如果投资者是从第三年以100元现价买到了该可转债并开始持有到期，此时投资者每张债券收益计算如下：

第三年至第五年的利息计算：（100×1.00%+100×1.50%+100×1.80%）×80%=（1+1.5+1.8）×80%=3.44（元）

可转债到期价值=108+3.44=111.44（元）

持有到期总收益为：111.44−100=11.44（元）

根据案例计算可以看出，可转债的利息从投资者的持有时间开始计算，即投资者从什么时候开始持有就从什么时候开始计算。

4 二级市场低买高卖赚差价

如果投资者持有可转债却不转股，除了正常持有到期之外，还可以在二级市场上买卖，通过低买高卖来赚取差额收益。

在二级市场交易可转债，其操作方法与买卖股票一样，但也存在一些区别，具体如下：

①可转债实行T+0交易制度，即投资者可以当天实行买进卖出操作，更容易抓住买卖时机，做短线投资。

②可转债交易时的最低单位是10张为1手。

③可转债没有股票交易的涨跌幅限制，不过集合竞价有限制，沪市为前日收盘价的70%～150%，深市为前日收盘价的70%～130%。

④可转债交易费用较低，且没有印花税，佣金也比股票更低。

例如，某投资者在二级市场中买进卖出可转债时佣金为0.02%，他在可转债市场以价格100元买进100手，当可转债价格上涨至120元时全部卖出，此时投资者买进卖出需要缴纳的费用为：100×1 000×0.02%+120×1 000×0.02%=44 元。

我们知道可转换债券的市场价格是变化波动的，因为影响其市场价格的因素有很多，例如正股业绩表现、所处行业前景以及企业运营情况等，都会对可转债的市场价格造成不同程度的影响，使得可转债市场价格高于或低于面值。

市场运行中，后市的价格走势往往难以预判。如果投资者买进之后，可转债市场价格上涨，投资者自然可以卖出获取差额收益，但是如果买进之后，可转债市场价格下跌，投资者就可能遭受损失。

但可转债与其他投资理财产品不同的是，它可以借助一些辅助指标来判断投资风险，当风险过高时则放弃；当风险较低，收益有保障时再买进。

此时，需要注意三个关键指标：纯债溢价率、到期收益率和转股溢价率。

（1）纯债溢价率

纯债溢价率指的是可转债二级市场价格相对于其纯债价值的溢价程度，计算公式如下：

纯债溢价率 = 可转债价格 ÷ 纯债价值 −1

其中，可转债价格为可转债在二级市场上的交易价格

如果纯债溢价率越低，说明可转债市价超出纯债价值的比例就越小，其债性就越强，可转债的债底对其价格的支撑作用就越大，投资者的投资风险也就越小。反之，纯债溢价率越高，说明可转债的市价相较于纯债价格可能被高估，投资风险也越大。

（2）到期收益率

到期收益率与普通的国债或企业债券相同，都是将以后每期发生的现金流折合成目前的价格需要的具体折现率，也就是投资者以当前的市场价格买进可转债并持有到期可获得的到期总收益率。公式如下：

税前到期总收益率 =（未到期应付利息 + 到期赎回价）÷ 当前价格 −1

到期收益率越高，则说明可转债的债性就越强，投资风险也越低。

（3）转股溢价率

转股溢价率指可转债二级市场价格相较于转换价值的溢价程度，其计算公式如下：

转股溢价率 =（可转债价格 − 转换价值）÷ 转换价值 ×100%

其中，转换价值 = 可转债价格 ÷ 转股价 × 正股价

一般来说，可转债的转股溢价率都为正数，转股溢价率越低，正股的上涨幅度就越能传导到可转债上；转股溢价率越高，正股越难带动可转债上涨，说明可转债价格相较于当前的正股价格虚高的成分较大。这其中虽然有市场对正股价格进一步走高的预估，但是泡沫的成分较大。这时候可转债的投资价值较低，投资风险较大。当溢价率为负数时，说明投资者为折价买入，投资者就有机会实现套利。

可以看到，判断二级市场的可转债是否值得投资也需要从三个方面来判断其价格是否存在虚高的情况，从而决定是否买进。

5 可转换债券转股套利

转股套利是可转债最大的特点，也是大部分投资者选择可转债的原因所在。转股套利指在转股期内，如果股价上涨，正股转债值大于可转债当前的价值时，就出现了套利机会。

转股套利时我们需要借助前面介绍的转股溢价率，当转股溢价率为正时不考虑转股，因为此时转股价高于正股价，正常情况下不会有人转股，即便真的想出手，在二级市场卖出转债即可。

转股套利通常是在转股溢价率为负数时，此时转股价低于正股价，投资者属于折价买进。但转股后可能面临正股价格下跌的风险，因为股市实行 T+1 交易制度，也就是投资者转股后需要等到第二天才能够卖出。这期间正股的走势难以预测，有可能第二天正股低开把前一天的折价空间全部吃掉。

为了降低转股套利风险应考虑安全范围，因此，可转债的溢价率在 −5% 以上才能形成足够的安全范围，以便抵御正股可能产生的下跌损失，且安全范围空间越大则越安全。

另外，为了规避正股可能下跌的情况，还可以通过类似对倒的方法来避免。要求投资者本身就持有正股，当发现正股与可转债之间存在负溢价率时，可以当天将可转债转股，并同时卖出本身持有的对应数量的正股，这样投资者就可以赚到对应的差价。

需要注意的是，投资者想要通过转股套利，就必须掌握转股相关的规则，具体内容如下：

①投资者的转股操作必须在可转债发行公告约定的转股期内的交易日进行，转股时间与股票和债券交易的时间相同。

②投资者转股必须通过托管该债券的证券公司进行转股申报，可以网上申请、人工申请或是自助委托，将投资者的转股申报发给交易所处理。

③当日买入可转债可以当日转股，所转股份于 T+1 日到账。

④申请转股的可转债总面值必须是 1 000 元的整数倍。转股后得到的股份为整数股，当尾数不足 1 股时，公司将在转股日后的 5 个交易日内以

现金兑付。例如：不足一股的部分是0.6股，转股价是5元，那么最后兑付的现金为：0.6×5=3（元）。

⑤可转债转股公式：可转债转换股份数（股）= 持有的债券张数 × 100 ÷ 转股价。

⑥沪市和深市的转股渠道不同。沪市转股代码就是转债代码，因此支持所有交易渠道进行转股操作，转股申报一经确认不可撤单；深市则要通过电脑端进行转股操作，在当日交易时间内可以撤销转股申请。

第4章

学会安全养“基”也能赚大钱

很多人对基金投资存在误解，认为投资风险较大，不适合稳健型的投资者。实际上，这只是一些人对基金较片面的认识。基金的种类有很多，除了风险较大的股票型基金外，还有很多适合稳健型投资者的品种，只要掌握方法也能够低风险养基。

4.1 投基金前，先认识基金

投资者对基金投资产生的误区，很大程度上源于对基金的认识不够全面。因此，在正式投资基金之前，应掌握基本的基金知识，才能在后期的基金投资中更加游刃有余。

1 认识基金及其特点

基金是基金管理公司通过金融发行单位，集中投资者的资金，由基金管理人员进行管理，并对股票、债券及货币等金融产品进行投资，使投资者从中获得收益的一种证券投资方式。

基金投资运行过程中有几个关键人物，且各有不同的职责，运行过程如图 4-1 所示。

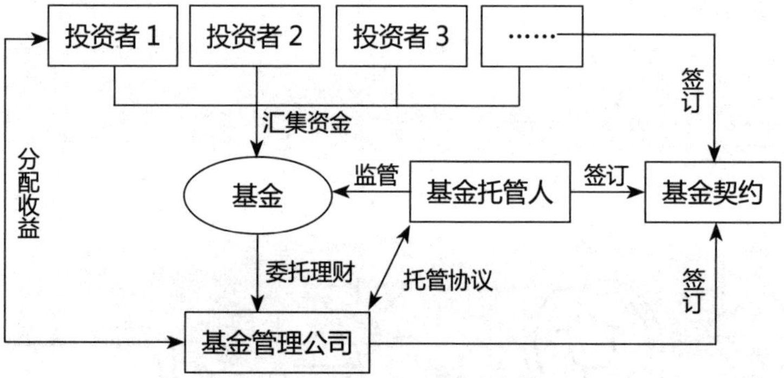

图 4-1　基金投资运行过程

从上图可以看到，基金投资的当事人主要包括投资者、基金管理公司和基金托管人，他们各自的职责如下所示。

投资者。投资者是基金资产的所有者和基金投资收益的受益人，在基金投资中投资者的职责主要是对基金的买入卖出进行操作。

基金管理公司。基金管理公司是指依据有关法律法规设立的对基金的募集、基金份额的申购和赎回、基金财产的投资以及收益分配等基金运作活动进行管理的公司。

基金托管人。基金托管人是根据基金合同的规定直接控制和管理基金财产并按照基金管理人的指示进行具体资金运作的基金当事人。基金托管人是投资人权益的代表，是基金资产的名义持有人或管理机构。为了保证基金资产的安全，基金应按照资产管理和保管分开的原则进行运作，并由专门的基金托管人保管基金资产。

正是由于基金这种交由专业人士打理的投资方式，使基金投资具备有别于其他投资方式的独特优势，具体如表 4-1 所示。

表 4-1　基金投资的特点

特　　点	内　　容
专业管理	基金投资是聚集投资者们的资金，委托专业的基金管理人投资打理。相比投资者个人而言，基金管理人通常具备丰富、专业且充足的投资经验和技巧，能够更好地应对证券市场中的价格变化，所以将资金交给专业的基金管理人，投资者可以享受到更专业的投资管理服务
组合投资	基金投资为组合投资，通常一只基金会投资多种类型的投资产品，例如债券、股票及货币等，且同一品种下还会分散，例如投资股票，同一只基金可能会投资数十只，甚至是数百只股票。正是因为组合投资的方式，分散了投资风险，使得投资更稳妥

续表

特　点	内　容
共同承担	基金中的投资资金来源于所有投资者，所以基金的投资风险和投资收益也由所有投资者共同承担。投资者只需要扣除基金托管人和基金管理人约定的托管费用和管理费用，即可按照持有的基金份额比例分配收益，而基金托管人和基金管理人不参与基金收益分配
信息透明	中国证监会对基金业实行严格的监管机制，并对可能出现的损害投资者利益的行为进行严厉打击，并强制基金进行充分的信息披露，投资者可以清晰地查看基金的具体情况，从而作出投资决策
独立托管	基金中的资金由基金托管人负责，基金管理人只负责基金的投资操作，并不经手资金的保管。这样相互制约、相互监督的独立托管机制，更能保障资金的安全，能有效保障投资者的利益

2 基金的种类有哪些

基金的种类有很多，不同种类的基金具有不同的特点和投资风格，投资者需要了解常见的基金类型。

（1）按照不同国家地区法律形式划分

按照不同国家地区法律形式划分，基金可以分为契约型基金和公司型基金。契约型是基于一定的契约原理而组织起来的代理投资行为，我国公募基金都属于契约型基金。公司型基金指投资者为了共同投资目标而组成的以盈利为目的的股份制投资公司，并将形成的公司资产投资于有价证券的证券投资基金。美国大部分基金都属于公司型基金。

（2）按照基金的运作方式划分

按照基金的运作方式划分，基金可以分为封闭型基金和开放型基金。封闭型基金指事先确定发行总额，在封闭期内基金单位总数不变，基金上市后投资者可以通过证券市场进行转让买卖基金单位的一种基金。开放型基金指基金发行总额不固定，基金单位总数随时增减，投资者可以按照基金的报价进行申购或赎回操作的一种基金。

（3）根据基金投资对象划分

根据基金投资对象划分，基金可以分为货币基金、债券基金、股票基金、混合基金和 FOF 基金。

- **货币基金**：仅投资货币市场工具的基金。
- **债券基金**：基金资产 80% 以上投资债券的基金。
- **股票基金**：基金资产 80% 以上投资股票的基金。
- **混合基金**：投资比例不符合股票基金和债券基金的规定的基金。
- **FOF 基金**：FOF 基金是以基金为投资标的，进行投资的基金。

（4）根据投资目标划分

根据投资目标划分，基金可以分为成长型基金、收入型基金和平衡型基金。

- **成长型基金**：以资本长期增值为投资目标，其投资对象主要是市场中有较大升值潜力的小公司股票和一些新兴行业的股票。为达成最大限度增值目标，成长型基金通常很少分红，而是将投资所得的股息、红利和盈利进行再投资，以实现资本增值。
- **收入型基金**：以获取当期的最大收入为目的，以追求基金当期收入为投资目标的基金，其投资对象主要是那些绩优股、债券以及可转让大额存单等收入比较稳定的有价证券。收入型基金一般把所得的利息、红利都分配给投资者。
- **平衡型基金**：是既追求长期资本增值，又追求当期收入的基金，这类基金主要投资于债券、优先股和部分普通股。这些有价证券在投资组合中有比较稳定的组合比例，一般是把资产总额的25% ~ 50%用于优先股和债券，其余的用于普通股投资。其风险和收益状况介于成长型基金和收入型基金之间。

3 基金的认购、申购和赎回

基金的认购和申购都是买入基金，而赎回是卖出现有基金的行为。它们与投资者的投资密切相关，需要重点理解并掌握。首先是基金的认购和申购，同样是买入基金，却存在较大的区别。

（1）基金的认购

认购指的是投资者在开放式基金募集期买入基金份额的行为，认购基金需要经过三个环节，如图 4-2 所示。

开户	投资基金的投资者必须先开立基金账户和资金账户。基金账户是基金注册登记机构为基金投资者开立的，用于记录其持有的基金份额变动情况的账户。资金账户是投资者在基金代销银行、证券公司开立的用于基金业务的资金结算账户
认购	投资者在办理基金认购申请时，需要填写认购申请表，并需要按销售机构规定的方式全额缴款。投资者在募集期内可以多次认购基金份额，已经正式受理的认购申请不得撤销
确认	销售机构对认购申请的受理并不代表该申请一定能成功，仅代表销售机构接受了认购申请，申请成功与否应以注册登记机构的确认结果为准。投资者 T 日提交认购申请后，可以在 T+2 日起查询认购申请的受理情况。认购申请无效的，认购资金将退回投资者的资金账户中

图 4-2　认购流程

投资者在办理认购时，认购申请上不直接填写需要认购多少份基金份额，而是填写需要认购多少金额的基金。基金注册登记机构在基金认购结束后，再按基金份额的认购价格，将申请认购基金的金额换算成投资人应得的基金份额。所以投资者需要了解认购基金时的份额计算。

认购基金时的份额计算分为两种情况，具体如下：

①认购费用适用比例费率时，认购份额计算公式如下：

净认购金额＝认购金额 ÷（1+ 认购费率）

认购费用＝认购金额－净认购金额

认购份额＝（净认购金额＋认购资金利息）÷ 基金份额初始面值

②认购费用适用固定金额时，认购份额计算公式如下：

认购费用＝固定金额

净认购金额＝认购金额－认购费用

认购份额＝（净认购金额＋认购资金利息）÷ 基金份额初始面值

（2）基金的申购

基金申购是指基金成立后，投资者申请购买基金份额的行为。基金申购的流程与认购大致相同。

申购确认遵循“T+2”制度，即 T 日规定时间受理的申请，正常情况下，基金注册与过户登记人在 T+1 日内对该交易的有效性进行确认。在 T+2 日后（包括当日）投资者可向销售机构或以销售机构规定的其他方式查询申购与赎回的成交情况。而申购的价格则以申请当日收市后计算的基金单位净值为基准进行计算。

基金申购份额的计算与基金净值、购买费用以及购买资金相关，计算公式如下：

净申购金额＝申购金额 ÷（1 ＋申购费率）

申购费用 = 申购金额 – 净申购金额

申购份额 = 净申购金额 ÷T 日基金份额净值

也就是说，投资者在资金、基金净值固定的情况下，申购费率越高，投资者购买到的基金份额越少。因此，投资者可以尽量选择申购费率较低的平台购买基金，这样可以买到更多的基金份额。

通过前面的介绍可以知道，基金认购和申购都是买入基金份额，两者有何不同呢？实际上，看起来基金认购和申购差不多，但两者却存在两点明显的区别。

①认购比申购买入基金的价格更便宜。

②投资者认购基金份额需要等待基金的封闭期结束后才能赎回，但投资者申购的基金份额在第二个交易日就能赎回。

（3）基金的赎回

赎回是指投资者申请将手中持有的基金份额按照公布的价格卖出给基金管理人，并收回资金的情况。赎回的金额计算分为两种情况，具体如下：

①前端申购的基金，赎回金额计算公式如下：

赎回金额 = 赎回当时所持有的份额 × 赎回当日的基金份额净值

赎回费用 = 赎回总额 × 赎回费率

费率后赎回金额 = 赎回金额 – 赎回费用

②后端申购的基金，赎回金额计算公式如下：

赎回金额 = 赎回当时所持有的份额 × 赎回当日的基金份额净值

赎回费用 = 赎回总额 × 赎回费率

费率后赎回金额 = 赎回金额 – 赎回费用 – 后端申购费

需要注意的是，基金赎回遵循“未知价原则”，即当日 15:00 之前提交赎回申请的，按照当日净值确认；当日 15:00 之后提交赎回申请的则按下一个开放日的净值确认。

4.2 开放式基金中的低风险品种投资

通过前面的了解，我们知道基金的种类有很多，且其中并非都是高风险的投资品种，还有很多适合稳健投资者的低风险投资品种，能让其享受基金收益。

1 替代活期储蓄的货币基金

货币基金是专门投向市场上风险较小的短期有价证券，也就是说，基金公司聚集社会上的闲散资金，由基金管理人运作将其投资于短期国债、短期银行存款、央行或商业票据等，短期并且投资门槛较高的，只向机构或大户开放的产品。

通过上述对货币基金的介绍，可以看出货币基金具有下列特点：

投资本金的安全性较高。因为大部分货币基金投资的品种是风险较低的债券、存款或票据等产品，这些投资品种决定了货币基金的安全性。虽然货币基金在投资合约中通常不会保证本金的安全，但事实上因为货币基金的性质，使得货币基金在实际投资过程中极少发生本金亏损的情况。

货币基金的资金流动性较强。货币基金非常便捷方便，一般基金赎回一两天就可以到账，时间短、流动性强，且目前一些货币基金可以及时赎回，例如支付宝中的余额宝基金，所以很多时候货币基金被看作现金等价物。

货币基金的门槛较低。市面上的货币基金主要有两类：一是A类货币基金，投资门槛较低，适合一般投资者，100元即可投资；二是B类货币基金，投资门槛较高，通常针对的是机构投资者，千万元起投。

收益波动较小，比较稳定。因为货币基金的投资对象比较稳定，使得收益虽然存在一些波动，但波动的范围较小，收益比较稳定。

投资成本较低。与其他基金种类不同的是，货币基金投资通常免收手续费、认购费、申购费以及赎回费。这就在一定程度上降低了投资者的投资成本。

正是因为货币基金具备的投资成本低、流动性强以及风险小等特点，使得货币基金可以在低利率时期作为活期储蓄的替代产品，提高收益率。

想要判断是否适合将活期储蓄转换成货币基金，需要借助“万份收益”指标和“7日年化收益率”指标，它们是常见的判断货币基金收益高低的数值。其中，万份收益指万份基金单位的收益，每万份基金单位收益的计算公式如下：

每万份基金单位收益 = 基金收益总额 ÷ 基金份额总数 10 000

每万份基金单位收益越高，说明投资者每天可获得的实际收益则越高。因为货币及基金的单位净值为1元，且没有手续费用，所以如果某货币基金某日每万份收益为0.443 2时，则说明该日每一万份货币基金份额能够获得0.443 2元的收益。假设投资者买进2 000元的该货币基金，当日收益计算为：2 000 ÷ 10 000 × 0.443 2=0.088 64（元）。

而7日年化收益率指最近7个交易日的平均收益率，属于一个短期指标，并不能代表货币基金的实际收益。

货币基金的分红方式为红利转投，即基金公司会在每个月的固定一天中将投资者的累计收益结转成为货币基金份额。假设，投资者持有面值为 1 元的货币基金 5 000 份，到下个月收益结算日时收益为 20 元，那么基金公司会将 20 元的收益折算成基金份额添加在投资者原有的基金份额中，也就是说，投资者下个月持有的 1 元货币基金份额为 5 020 份。

2 同样是稳健型投资的债券基金

债券基金指以国债、金融债等固定收益类金融工具为主要投资对象的基金，因为其投资的对象收益比较稳定，所以债券基金的稳定性较高，风险较低。

根据基金投资债券的比例不同，债券基金可以分为纯债基金、偏债型基金和可转债基金，具体介绍如下：

①纯债基金指基金资产全部投资债券的基金，纯债基金是所有债券基金品种中风险最低的一类。

②偏债基金指 80% 以上的资产投资于债券的基金，这类基金也被称为混合债券基金，可以分为一级混合债券基金和二级混合债券基金。一级债基主要投资债券，还可以参与打新股；二级债基主要投资债券，还会投资小部分的股票，以追求更高的收益。因此，二级债基的风险要高于一级债基。

③可转债基金指投资标的更多为可转换债券的基金。

投资者投资债券基金需要了解债券基金的收益来源，主要包括四个方面，具体如表 4-2 所示。

表 4-2 债券基金的收益来源

来源	内容
利息收入	利息收入是债券基金的主要收益来源，指债券持有到期所获得的票面利息收入。因为长期债券的利率高于短期债券，所以从这个角度来看，长期债券基金的收益要高于短期债券基金
价差收入	债券在二级市场中存在价格变化，低买高卖可以获得价差收入
债券回购	通过回购业务将持有的债券质押进行融资，融得的资金又继续投入债券市场，这就可以获得额外的杠杆收入
股票收入	二级债券基金通过二级市场股票投资可以增加基金收入来源

知道了债券基金的收入来源之后，投资者最关心的莫过于投资基金的预期收益。虽然大部分的金融 App 都不需要投资者自己计算预期收益，但投资者也需要了解基金投资的预期收益是如何计算的。

投资者想要知道债券基金的预期收益计算方法，需要从基金预期收益入手，基金的预期收益计算公式：

基金预期收益 = 基金份额 ×（赎回日基金单位净值 – 申购日基金单位净值）– 赎回费用

基金份额 =（申购金额 – 申购金额 × 申购费率）÷ 当日基金单位净值

赎回费用 = 赎回份额 × 赎回当日基金单位净值 × 赎回费率

从上述公式可以得出债券基金的预期收益计算公式如下：

债券基金预期收益 = 债券基金份额 × 债券基金净值差 – 债券基金赎回费用

案例故事 **计算债券基金的投资收益**

假设，投资者买进 10 000 元债券基金，申购日基金净值为 2.0231 元，赎回日基金净值为 2.2451 元，债券型基金的申购费率为 0.8%，赎回费率 0.1%（持有 30 天以上）。此时，计算投资者购买债券基金的预期收益。

申购费用 =10 000×0.8%=80（元）

买入的基金份额 =（10 000−80）÷2.0231=4 903.366 1（份）

赎回费用 =4 903.366 1×2.245 1×0.1%=11.01（元）

债券基金预期收益 =4 903.366 1×（2.245 1−2.023 1）−11.01=1 077.54（元）

理财贴士　基金份额

投资者购买基金时虽然是以整数金额买进，但扣除手续费用之后就可能产生非整数，并且申购基金时基金的单位净值通常具有 4 位小数。正是因为这两个原因使得投资者买入的基金份额可能会存在小数的情况，所以基金份额一般会精确到小数点后 4 位。

总的来看，债券基金的投资对象大部分是各类固定收益的债券，所以相比其他类型的基金，具有下列特点：

低风险性。基金中大部分资金投资于不同的债券，债券安全性高，尤其是国债产品，所以债券基金的投资风险较低。

流动性强。投资者如果直接投资债券，需要持有到期才能够获得票面利率，但债券基金则不同，可以随时申请赎回，流动性较强。

投资门槛较低。债券基金的投资门槛较低，通常起投资金在 1 000 元，适合普通的投资者。

投资成本较低。因为债券基金的投资操作过程比较简单，所以基金的管理费用较低，这就使得债券基金的投资成本较低。

3 保本基金投资，保本更放心

从基金名称上就可以看出，保本基金的特点在于“保本”，这一特点非常适合低风险投资爱好者。那么，什么是保本基金呢？

保本基金是指在一定投资期限内，对投资者所投资的本金提供一定比例（一般在 80% ~ 100%）保障的基金。也就是说，基金投资者在投资期限到期日，根据基金管理人的投资结果，至少可以取回一定比例的本金，而本金未获保证的部分（指保本幅度低于 100% 的基金）和收益仍具有一定风险。

保本基金的“保本”源于保本基金中将大部分资金投资于定息工具，例如货币市场和债券，这部分资金承担基金保本的作用。而余下的资金则用于投资高风险高收益的投资工具，例如股票、期货以及期权等，以追求高收益率。这样的资金投资比例安排，即便高风险的资金投资出现全部亏损，投资低风险的定息工具也可以完成“保本”任务。

但是保本基金就一定能保本吗？其实不是，在以下两种情况下也难以保本。

①要想保本必须要求是认购的基金，即新基金刚刚发行的时候买进，它是保本基金保本的前提条件之一。新基金成立并运行一段时间后投资者申购就不会保本（市面上可能也会有对申购保本的保本基金，但这样的基金非常少，可以说几乎没有）。

②保本基金必须持有规定的保本期限，一般来说我国的保本基金其周期大部分为 3 年，也有可能出现 2 年或 5 年的情况，具体要以基金发行的条款来确定。投资者只有持有保本基金达到规定的持有时间，才能实现保本，如果中途赎回，则不享受保本。

并且，保本基金不同于其他类型的基金，保本基金的赎回费率较高。以 3 年保本期的保本基金为例，如果投资者在 1 年以内赎回，费率通常为 2%；如果投资者在 1 ~ 2 年内赎回，费率通常为 1.5%；如果投资者在 2 年 ~ 3

年内赎回，费率通常为 1%；投资者在 3 年以上赎回，费率为 0。因此，保本基金不适合短期持有，更适合长线投资。

根据不同保本基金承诺的保本范围，保本模式分为 5 种类型，具体如表 4-3 所示。

表 4-3　保本基金的保本模式

模　式	内　容
保本金	保本金的基金是指保本金额为基金份额持有人认购并持有到期的基金份额的净认购金额；或过渡期申购并持有到期的基金份额在折算日所代表的资产净值；或从上一保本周期转入当期保本周期并持有到期的基金份额在折算日所代表的资产净值，折算日指过渡期最后一个工作日（即下一保本周期开始日前一工作日）
保本金和利息	保本金和利息的基金是指保本金额包括本金和利息的保本基金。利息指基金募集期基金份额净认购金额所产生的利息。一般以折算成基金份额归基金份额持有人所有的形式，列入基金份额持有人的保本金额范围内
保本金、利息和费用	保本金、利息和费用的基金是指保本金包括本金、利息和费用的保本基金。其中，费用指认购费用或申购费用
保本金和费用	保本金和费用的基金一般是在基金保本期到期后转型成为的另一种保本基金，基金代码发生改变。这类基金一般只有过渡期而没有募集认购期，因此相应地就没有所谓的募集期所产生的利息
超额保本	超额保本的基金是指保本金额包含基金份额持有人认购并持有到期的基金份额的投资金额加上额外收益；其后各保本周期的保本金额为过渡期申购并持有到期的投资金额加上额外收益，以及上一保本周期转入当期保本周期并持有到期的投资金额加上额外收益

表 4-3 介绍的是市面中比较常见的保本类型，当然也可能会出现其他一些保本模式，具体以投资合同为准。

因此，保本基金不失为低风险投资者的首选，既能保障本金安全，又有获得高收益回报的可能。但是保本基金也存在明显的缺点，即仅保本。

保本基金的主要特点在于保本，但不保证收益。如果投资者持有到期仅收回本金，那么可能会因为通货膨胀等原因形成亏损。

4.3 封闭式基金的低风险套利

封闭式基金与开放式基金相对应，不能随时申购赎回，因此，封闭式基金与股票类似，通过竞价的方式成交。此时，投资者低买高卖更容易套利成功。

1 封闭式基金的基础认识

封闭式基金指基金发行总额和发行期在设立之初就已经确定了，基金在总额筹足后，即宣告成立，并进行封闭，在规定的期限内发行总额固定不变的证券投资基金。

因此，封闭式基金不能在封闭期内申购、赎回，但可以持有到期。通常封闭式基金的封闭期不能少于 5 年，一般的封闭式基金封闭期为 15 年。封闭式基金到期之后，有三种处理方式，具体如下：

①清盘，即按基金净值扣除一定费用后退还给投资者。

②转为开放式基金，也就是常说的“封转开”。

③延长到期期限，实际这类情况比较少见。

虽然封闭式基金在封闭期不能申购、赎回，但是封闭式基金可以在证券所上市交易。因此，封闭式基金有两种购买方式：一是基金设立时，在基金公司或基金销售机构认购；二是当封闭式基金上市交易时，投资者委托券商在证券交易所按市价买卖交易。

虽然封闭式基金中途不能赎回，但是却可以中途分红。开放式基金通常有两种分红方式，即现金分红和红利再投；而封闭式基金因为必须保持基金份额的固定，所以其分红方式只有现金分红。根据相关法律的规定，封闭式基金分红需要满足下列三个条件：

①基金的单位净值在 1 元以上。

②基金的“可供分配收益”为正。

③基金当年收益弥补以前年度亏损后才可以进行分配。

目前国内的封闭式基金规定，必须将不低于 90% 的基金净收益以现金形式分配给基金持有人，按照每个投资者的持有份额进行分配，且每年至少分配一次。

基金净收益指基金收益扣除按照有关规定可以在基金收益中扣除的费用后的余额，包括基金投资所得红利、股息、债券利息、买卖证券差价、银行存款利息以及其他收益。

2 封闭式基金折价到期套利

封闭式基金在二级市场交易时并不是直接以封闭式基金的基金净值进行交易，而是以实际市场交易价格为准。但是封闭式基金的市场价格受到市场供求关系以及信息不对称等因素的影响，常常导致封闭式基金的市场交易价格与基金净值不一致的情况发生，也就是溢价或折价。

溢价指市场普遍看好基金的未来表现，散户追涨，此时封闭式基金市场价格高于基金净值的情况。折价指市场普遍看衰基金的未来表现，散户出逃杀跌，此时封闭式基金市场价格低于基金净值的情况。

此时，引入封闭式基金特有的折价率指标。折价率是基金市场交易价格与基金净值之间的折价比率，其计算公式如下：

折价率 =（基金净值 − 基金市价）÷ 基金净值

折价率越大，说明基金的折扣力度越大，投资者的套利空间也就越大；而折价率越低则短期内基金净值波动的风险较大，保护性不强，如果大盘下跌，可能会影响基金净值下跌，投资者的获利空间也会缩水。

例如，投资者买进 1 000 元基金净值为 1 元，折价率为 20% 的封闭式基金，持有到期后，封转开以基金净值赎回，那么投资者的收益为：1 000 ÷ 0.8 × 1 − 1 000=250（元）。

对于封闭式基金来说，市价低于基金净值的情况比较常见，存在一定的折价率也比较正常。但是，也有可能出现溢价的情况，即大牛市行情中，投资者看好后市，市价大于基金净值，此时折价率就变成了溢价率，投资者买进投资，风险较大。

总的来说，折价套利实际上就是以低于基金净值的市场价买进，持有到期，然后以较高净值赎回，获得利润。从长期的角度来看，随着封闭期的临近，折价率必定收敛为 0，因为它会由封闭期转为开放，一旦开放，投资者就可以按照净值赎回了，所以市价和净值会趋同。

如果投资者一开始就折价买进，后期净值上涨，就等于自带杠杆增加收益。且如果后市走势不理想，或转入下跌行情，前期的折价率可以成为安全范围空间，增加投资者的抗跌性。

❸ 封闭式基金溢价套利

根据前面的介绍，我们知道溢价指封闭式基金市场价格大于基金净值时的情况。如果投资者在认购时，以基金净值买进，当基金价值被高估，基金市价高于基金净值时，投资者以基金市价卖出就可以获得溢价利润。但如果投资者前期并没有在认购期买进，也就不能通过溢价来实现套利了。

需要注意的是，封闭式基金在套利时需要注意以下三点：

①套利时要注意价差的范围，原则上越大越好，通常来说大于 5% 时可以考虑，如果低于 5% 就要谨慎。不仅是对溢价套利，折价套利也是如此。

②如果封闭式基金自身规模比较小，或是场内交投并不活跃，那么投资者套利时也要谨慎。

③溢价套利与折价套利都是利用基金净值与基金市价之间的价差完成的，这样的投资风险相对更低。

❹ 封闭式基金的挑选技巧

投资封闭式基金时，尤其是在二级市场买入封闭式基金，掌握基金的选择技巧往往是获胜的关键。在挑选时可以从以下四个方面入手：

（1）优选小盘基金

在挑选封闭式基金时应该首先关注小盘封闭式基金，因为如果基金的流通市值较小，而持有人比较分散，就可能出现主力为争夺基金份额而大肆收购的情况，而促使基金价格短期内急速上升。这就为投资者带来了短线获利的机会。

（2）查看基金的分红情况

封闭式基金的分红情况会对基金市价产生较大的影响，所以投资者有必要查看基金的分红情况。

首先查看预期分红规模，根据规定，封闭式基金可供分配基金收益中90%以上需要进行分红，所以预期分红规模其实主要是预期基金的可供分配基金收益，而与可供分配基金收益关系最大的是基金单位净值，能够实现高比例分红的基金首先都是单位净值较高的基金。

然后看基金的净值增长率，尤其是上一年出现大额亏损但是本年度业绩表现优秀的封闭式基金，因为基金只有在弥补损失之后的收益才可以进行分红。

最后封闭式基金投资者还要看每只基金的未分配收益和已实现基金净收益情况。某些基金由于上一年分红比例不高，剩下的未分配收益也较为可观。

（3）关注基金重仓股的市场表现

在买进封闭式基金之前还要查看该基金重仓股的表现情况，如果重仓股的表现良好，股市未来发展继续向好，则带动基金净值增长的可能性较大，基金的投资价值也更大。

（4）选择恰当的时机

股市投资要分熊市和牛市，封闭式基金也是如此。如果投资者在熊市买进入场，后市基金市价走跌，投资者想要通过二级市场低买高卖获利，就比较困难。

图 4-3 所示为鹏华前海（184801）封闭基金 2019 年 6 月至 2021 年 1 月的 K 线走势。

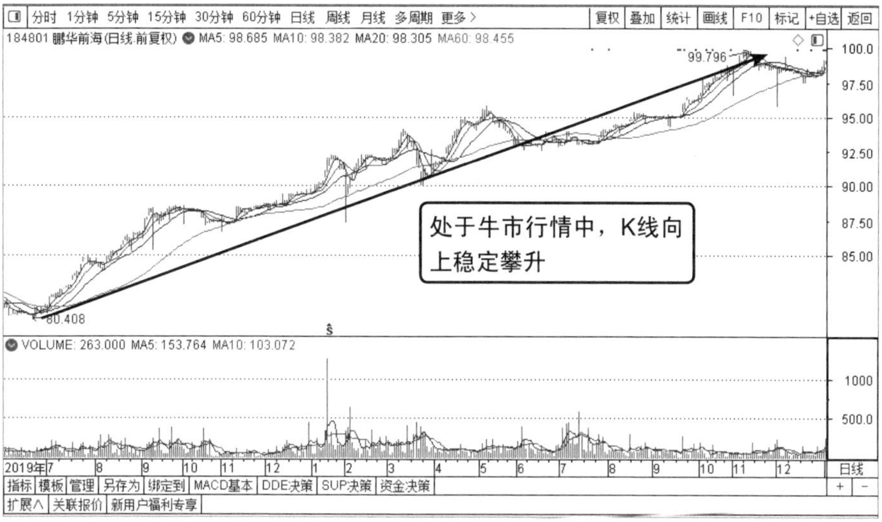

图 4-3　鹏华前海的 K 线走势

从图 4-3 可以看到，鹏华前海基金在该阶段中市场处于牛市行情，均线系统向上运行。基金市价在均线的支撑下持续向上攀升，从最低 80.408 元涨至最高 99.796 元，涨幅达到 24.1%。如果投资者在该阶段买进，可以得到不错的收益。

4.4 享受股票收益的指数基金

所有基金投资者都知道，股票型基金是基金品种中投资风险比较大的一个类型，但指数基金确是例外，虽然它也属于股票型基金，但它的投资风险却远低于一般的股票型基金。所以，对于想要享受股票收益，但又担心投资风险的人来说，指数基金是不二选择。

1 认识什么是指数基金

指数基金是股票型基金的一种，它是以特定指数（如沪深 300 指数、标普 500 指数、纳斯达克 100 指数及日经 225 指数等）为标的指数，并以该指数的成分股为投资对象，通过购买该指数的全部或部分成分股构建投资组合，以追踪标的指数表现的基金产品。

指数基金构建这个投资组合的最终目的在于，使这个投资组合的变动趋势与该指数一致，以取得与指数大致相同的收益率。

与股票型基金相比，指数基金最明显的特征是低风险性，指数基金将资金分散到指数中不同的行业、不同的成分股中，有效地避免了个股的系统性风险。并且，指数基金追踪的指数一般都具有较长历史数据，所以从一定程度上来看，指数基金的风险是可通过追踪指数的历史数据来进行预测的。

虽然很多人都见过指数基金，但其实并不真正了解。实际上，指数基金的类型有很多，下面我们来看看比较常见的指数基金品种。

（1）按照指数分类

指数基金按照指数分类，可以分为下列四类：

宽基指数基金。宽基指数基金指的是跟踪宽基指数的基金。而宽基指数指包含十只以上的成分股，并且不限制成分股所在行业，例如易方达上证 50 指数基金。

宽基指数衍生指数基金。宽基指数衍生指数基金指从宽基指数中衍生出来的一系列指数，且以它们为跟踪标的的基金。例如从沪深 300 指数中衍生出的一系列指数，包括沪深 300 红利指数、沪深 300 价值指数、沪深

300 成长指数以及沪深 300 相对价值指数等。

行业指数基金。行业指数基金也被称为窄基指数，指包含十只以上的成分股，且限制成分股必须是某一类行业，例如广发医药卫生联接 A 基金。

风格指数基金。风格指数基金指反映市场上某种特定风格或投资特征的指数，例如反映中小盘的深证 100 指数。

（2）按照投资策略分类

按照投资策略分类，指数基金可以分为下列两种：

增强型指数基金。主要仓位跟踪指数，但剩余部分资金会做积极投资，目的在于在跟踪基准指数的基础上，可以追求高于基准指数的收益。

被动型指数基金。完全跟踪指数的基金，目的在于最大限度地减小跟踪误差。

因此，指数基金中有一个特色指标——跟踪误差，它是跟踪偏离度的标准差，是根据历史的收益率差值数据来描述基金与标的指数之间的密切程度，同时揭示基金收益率围绕标的指数收益率的波动特征。一般来说，跟踪误差越小，基金经理的管理能力越强。

指数基金受到投资者广泛喜爱的原因，除了其享受股票收益，风险较低之外，还因为指数基金投资具有下列三大优势：

①指数基金的投资成本较低，因为指数基金已采取跟踪指数的投资策略，所以基金管理人并不需要花费大量的时间和精力来考虑投资品种和买入卖出时机，减少了管理手段，也减少了基金的管理费用。所以指数基金的管理费用普遍低于股票型基金，投资成本也更低。

②指数基金的业绩透明度较高，投资者可以直接从指数基金追踪目标指数的涨跌情况来大致判断指数基金的净值走势变化。

③指数基金管理过程中受到的人为影响较小，因为指数基金是以复制指数的方式进行运作，而不需要基金管理人频繁进行投资操作，所以这样的投资策略减少了人为影响。

2 指数基金定投更适合

基金定投是一个比较常见的投资方式，指的是投资者定期定额将资金投资于指定的基金中。

因为基金的净值是波动变化的，一次性选择一个时点买进，可能收益更大，但风险也可能更大。但基金定投有效地规避了这一情况，通过分批买进的方式，均衡成本，既不买在最高处，也不买在最低处，降低了投资风险。

在众多的基金品种中，指数基金是非常适合定投的一种基金品种，因为定投的关键在于摊低成本获得更多的筹码，所以在选择时要尽可能地选择长期收益更高、波动幅度更大的基金来做定投。

下面来看市场中常见的四种基金类型是否适合定投。

- 货币基金长期稳定，波动幅度较低不适合。
- 债券基金投资于稳定的债券市场，收益固定，波动范围小不适合。
- 混合基金比较复杂，既包括货币和债券，也包括股票，因为其中包括了债券和货币，所以从长期的角度来看其收益被拉低，不适合。
- 股票型基金收益波动幅度大，但从长期的角度来看，其收益主要依靠基金管理人的能力高低，也比较适合定投，但对于追求低风险的新手投资者来说，股票型基金定投风险较大。

指数基金则不同，其收益波动幅度较大，且受到人为管理影响较低，主要是复制指数，所以只要大行情整体趋好，那么从长期的角度来看，收益更高。因此，指数基金更适合做基金定投。

指数基金定投有很多优势，既不需要专业的投资知识，也不需要花费大量的时间和精力研究投资时机，比较适合工作繁忙、缺乏专业投资知识，且资金量少但现金流比较稳定的投资者。

虽然定投就是定期定额投入资金，但是根据不同的资金投资方式，定投也分为多种模式，下面我们来具体了解。

（1）定期定额

定期定额是定投中最基础的一种定投方式，指投资者在固定时间，扣款固定的金额买进即可。现在各大销售金融 App 都可以提前设置扣款时间和扣款金额，到期平台自动扣款即可。

其中扣款的间隔时间可以按月设置、按周设置或按天设置，分隔的时间越细，投资者的投资风险就越小。

（2）定期变额

定期变额指投资者在固定的时间投资，但投资的金额依照具体的情况做出变动。首先，变额是可以根据自己的收入情况来做调整，当自己的收入出现明显上涨，此时可以适当增加投资额度；当自己的收入出现下跌，可以适当减少投资额度。

其次，变额能根据指数基金的实际走势来进行调整。当基金上涨，基金净值不断增大时，投资者可以适当减少投资金额；当基金下跌，基金净值下跌时为投资者的补仓机会，投资者应该适当加大投资金额。

（3）目标定投

目标定投指投资者在投资之初设定一个投资目标，即通过定投想要得到的目标收益率。然后定期定额扣款买进基金，当基金的收益达到目标收益率时，就马上卖出。目标定投是许多基金销售平台推出的一种基金定投模式，一旦基金收益达到投资者的目标收益率时，平台就自动帮投资者赎回，如果没有达到就持续定投。

（4）智能定投

除了前面介绍的手动定投方法之外，现在的基金销售 App 还为投资者提供了一种“智能定投”模式。以支付宝 App 为例，进入“理财 / 基金”页面，选择了基金定投之后，在扣款页面中可以看到下方的“智能定投”按钮，点击该按钮即可查看智能定投的投资策略，如图 4-4 所示。

图 4-4　开启智能定投

可以看到，此时智能定投的投资策略为均线策略。均线策略指根据证券市场的指数走势定期不定额买入，当基金净值在高位时少买，当基金净值在低位时多买。实际定投金额计算公式如下：

实际定投金额 = 基础定投金额 × 当期扣款率（其中，60% ≤当期扣款率≤ 210%）

也就是说，投资者自己设定一个基础的定投金额，然后系统根据当期的扣款率来确定实际扣款金额。而当期的扣款率则根据均线来确定，具体如下：

当基金净值走势高于参考均线时，如图 4-5 所示。

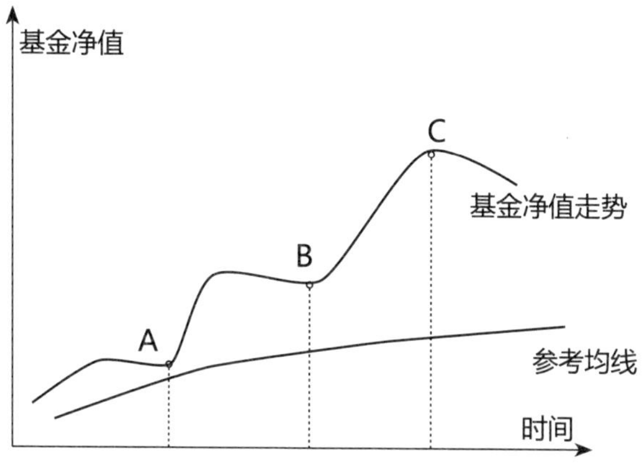

图 4-5　基金净值走势高于参考均线

当基金净值走势在 A 点位置时，基金净值走势略高于参考均线，基础定投金额大部分买进；B 点位置较高于参考均线，基础定投金额部分买进；C 点位置高出参考均线程度较大，基础定投金额少额买进。

通常在实际的智能定投中，基金净值与参考均线的高出范围和实际扣款率有明确的规定，具体如下：

- 高出参考均线 0 ~ 15%，实际扣款率为 90%。
- 高出参考均线 15% ~ 50%，实际扣款率为 80%。

◆ 高出参考均线 50％～100％，实际扣款率为 70％。

◆ 高出参考均线 100％以上，实际扣款率为 60％。

当基金净值走势低于参考均线时，如图 4-6 所示。

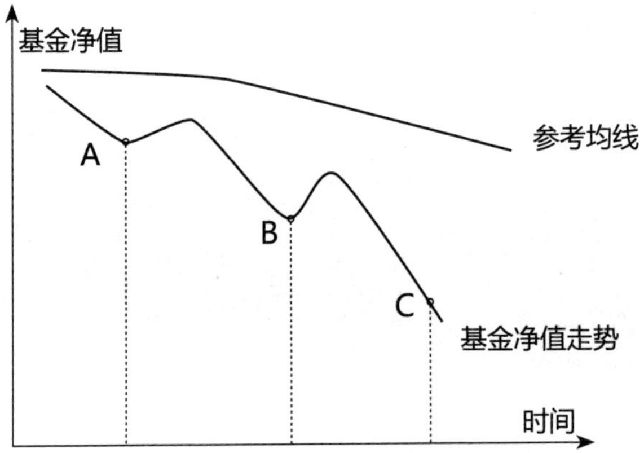

图 4-6 基金净值走势低于参考均线

当基金净值走势在 A 点位置时，基金净值走势略低于参考均线，基础定投金额可少额增加买进；B 点位置较低于参考均线，基础定投金额可加大买进额度；C 点位置低出参考均线程度较大，基础定投金额。大量加额买进。

通常在实际的智能定投中，基金净值与参考均线的低出范围和实际扣款率有明确的规定，具体如下：

◆ 低出参考均线 0～5％，近 10 日振幅＞5％，实际扣款率为 60％，近 10 日振幅≤5％，实际扣款率 160％。

◆ 低出参考均线 5％～10％，近 10 日振幅＞5％，实际扣款率为 70％，近 10 日振幅≤5％，实际扣款率 170％。

◆ 低出参考均线 10％～20％，近 10 日振幅＞5％，实际扣款率为 80％，近 10 日振幅≤5％，实际扣款率 180％。

- 低出参考均线 20% ~ 30%，近 10 日振幅 > 5%，实际扣款率为 90%，近 10 日振幅 ≤ 5%，实际扣款率 190%。
- 低出参考均线 30% ~ 40%，近 10 日振幅 > 5%，实际扣款率为 100%，近 10 日振幅 ≤ 5%，实际扣款率 200%。
- 低出参考均线 40% 以上，近 10 日振幅 > 5%，实际扣款率为 110%，近 10 日振幅 ≤ 5%，实际扣款率 210%。

这也是均线策略越高越少买，越低越多买的原理。

除了均线策略之外，有的基金智能定投还可以选择估值策略。估值策略指的是追踪指数的估值状况，在定投扣款日，如果指数最新估值达到低估则进行定投扣款，实现低位加仓和摊薄成本的目的；如果指数最新估值为非低估则不进行定投扣款，不追高投资控制风险。

估值策略的扣款比均线策略更简单，只有扣款和不扣款两种情况。当估值发现基金价格较高就不买，价格低就买。

但总的来看，不管是手动定投，还是智能定投，都能减少投资者的投资风险，为投资者创造更多的收益。至于具体的定投模式选择还需要投资者根据自身的实际情况进行选择。

3 指数基金的选择有门路

除了投资方法外，指数基金的选择也是基金投资中的关键一步。选择到一只优质的指数基金长期定投，可以增加我们的投资获利率。选择指数基金可从以下四点入手：

追踪误差。选择指数基金时，应选择追踪误差小的基金。虽然指数基金不可能和追踪指数表现完全一致，但追踪误差越小，越容易预估行情走势，投资风险也更低。

基金规模。选择指数基金时要查看基金的规模，不要选择规模过小的基金，通常基金规模在1亿以上比较适合。基金规模过小，清盘的概率较大，不利于投资。

投资费用。选择基金费用较低的指数基金，降低投资成本。指数基金的费用包括申购费、赎回费、管理费和托管费。

基金成立时间。选择基金成立时间在两年以上的，这样的基金比较稳定，更适合做定投。

第5章

保险理财让保险和理财双管齐下

保险，很多人对它的印象还停留在人寿保险、医疗保险以及意外保险上，保障被保险人的人身和财产安全等。实际上，保险也可以做理财投资，在保障安全的基础上，投资者还可以获得收益，保险、理财双管齐下，更便捷。

5.1 “保险”和“理财”如何兼得

保险理财有两层含义，一是具有保障功能，参与保险可以在保险事故发生后获得一定的赔偿；二是保险自带理财功能，在保障功能的基础上，可以让保险金增值。此外，保险理财的风险较低，比较稳定，适合偏好低风险的稳健型投资者。

❶ 保险的保值和增值功能

随着人们投资意识的增强，保险理财也逐渐发展成为一种理财工具，它与基金、债券和股票一样，都可以为投资者带来收益。

理财型保险是人寿保险的一个分支类型，属于创新型寿险，起源于西方国家，为防止经济波动以及通货膨胀对长期寿险造成损失而设计的，之后逐渐演变成了客户与保险公司风险共担、收益共享的金融投资工具。

从上述理财型保险的概念可以看出，理财型保险属于人寿保险的分支，具有人寿保险保障性的特点；其次，作为一种金融投资工具又具备了增值的特点。

简单来说，投资型保险在传统保险的基础上增加了投资账户，使得投保人可以在获得人寿保障的同时也获得收益。实际上，它是将投资者投入的保险资金分为两个部分，一部分用于保险，一部分用于理财，这样可以实现保险的保值与增值两项功能，以便迎合更多有投资需求的保险投资者。

与传统的消费型保险相比，理财型保险有几个明显的区别，具体如表 5-1 所示。

表 5-1　理财型保险与消费型保险的比较

项　　目	理财型保险	消费型保险
保额	高	低
保险责任	多	少
现金价值	有	无
管理账户	一般账户及投资账户	一般账户
投资风险	投保人自己承担投资风险	保险公司承担

实际上，我们日常生活中看到的大部分保险都属于消费型保险，例如人身险中的小额人寿险、小额养老险、商业医疗保险及意外伤害险等；财产险中的海上保险、火险、运输险及工程险等。

投保人投保消费型保险后，保险公司在合约期内保障合同中的保障事项，对过程中出现的意外进行赔付，但合约期满，保险费用不返还。

而理财型保险则不同，它在合同期内保障合同中的保障事项，对过程中出现的意外进行赔付。此外，投资者在合同期内可能还会领取投资分红，期满之后返还保险费用。所以说，理财型保险具有保值性和增值性。

2 掌握保险的构成要素

理财型保险与一般的消费型保险一样，其本质也是保险，所以保险的基本要素不能少。

下面来看一份完整的保险构成要素，如表 5-2 所示。

表 5-2 保险的构成要素

项　　目	内　　容
投保人	投保人指与保险人订立保险合同，并按照保险合同内容支付保险费用的人
保险人	保险人是指与投保人订立保险合同，并承担赔偿或给付保险金责任的责任人，只能是法人，即保险公司
被保险人	指保险标的所承担的人或物，在部分保险中，被保险人和受益人不能是同一个人
受益人	指人身保险合同中由被保险人或投保人指定的享有保险金请求权的人，一般是保险金的获得者
保费	购买保险的费用，即投保人交给保险公司的钱
保险金	当保险事故发生后，受益人领到的钱
保额	保险公司承担的最高赔偿限额
保单	投保人与保险人约定保险权利义务关系的协议
保险标的	作为保险对象的财产及其有关利益或人的生命和身体
除外责任	保险公司不予赔偿的情况，如被保险人违法等
缴费期	投保人向保险公司缴费的时间
保险期	从合同生效到保险终止的时间，保险期不等于缴费期
缴费方式	分为一次性缴费或多次缴费
核保	保险公司对保险对象进行评估，决定是否接受保险的过程
索赔	保险事故发生后，投保人和受益人向保险公司要求赔偿的过程

3 理财保险值不值得买

很多投资者对理财保险比较犹豫，不知道该不该买，或者说不知道理财保险值不值得买。关于这一问题，我们可以从下面几个角度来看。

（1）收益性

理财保险的本质还是保险，因为其保费的部分或大部分用于保障，投资只占部分资金，使得理财保险虽然比较稳定，但收益相比股票或基金这类投资工具较低，不过通常收益率高于银行存款。所以，对于想要追求高收益的投资者来说，理财型保险不适合；而对于想要在获得保障的同时，得到一些收益的投资者来说比较适合。

（2）投资期限

理财保险相较于基金、股票这类理财工具而言，其资金的灵活性较差，短期退出成本较高。

理财型保险是可以中途退保的，但不同的保险其退保条件不同，退保扣除的费用也不同。通常投资者在购买保险后的犹豫期内退保，只损失 10 元左右的工本费用，投入的保费将全额退回。一旦过了犹豫期，合同正式生效，此时保险公司会给出一张现金价值表，表中对应现金价值就是在该年份退出后，投保人能够获得多少金额。通常来说前两年的现金价值是非常低的，如果投保人在前两年就要求退保，会遭受一定程度的损失。

中途退保意味着投资者不仅得不到投资收益，还可能损失一定的本金。那么，过了犹豫期可以全额退保吗？其实还是有机会的，根据相关规定符合下列情况的，可以全额退保。

①代理人有代签字行为的。

②销售过程中有返钱或送礼行为的。

③销售过程中有刻意夸大产品收益和理赔行为的。

④销售人员有诱导或误导销售行为的。

正常购买的情况下，投资者中途退保通常是不能全额退保的。所以，理财保险适合长期投资，不适合追求短期获利的投资者。

（3）风险性

理财投资者重点关心的还有投资风险性，理财保险虽然为投资者提供保险保障，但是作为理财工具也具有一定的风险，且不同类型的产品，面临的风险不同。

例如分红险，其风险主要在于投资收益具有不确定性，因为分红险的分红水平主要取决于保险公司的实际经营成果。如果保险公司经营状况不好，红利也会低于一年期银行存款利率，甚至可能出现零分红，但本金不会损失。

相对来说，理财型保险属于中等风险，是比较稳健的理财品种，比较适合追求低风险的投资者。

总的来看，如果投资者想实现资产稳定增值，同时收益比较适中，保险理财可能是不错的选择。

5.2 对比多种保险选择适合自己的

理财型保险的类型比较宽泛，其中有很多比较具体的品种，例如分红险、万能险以及投连险等。这些不同的保险品种，分别具有各自的投资特点。投资者可以根据具体的介绍，选择适合自己的保险品种。

1 分红险——与公司一起享受经营收益

分红险指保险公司在每个会计年度结束后，会将上一会计年度该类分红保险的可分配盈余，按一定的比例、以现金红利或增值红利的方式，分配给投资者的一种人寿保险。也就是说，投资者可以享受保险公司的经营收益。银保监会规定，保险公司至少应将分红保险可分配盈余的 70% 分配给客户。

因为不同的保险公司其运营方式不同，规模也不同，使得保险分红也不同。另外，投资者获得的分红金额也与实际的投保费用和产品息息相关。

由于分红险的根本目的在于为投资者提供保障和长期储蓄理财等功能，所以分红险的本金安全性较强，通常到期后可以取出本金。

市面上的分红险主要有三种类型，具体如下：

◆ 终身寿险（分红型）

终身寿险（分红型）是以人的寿命为保障对象，以生死作为保险事故的保险，也是一种生命保险。人寿保险转嫁的是被保险人的生存或者死亡的风险。

分红型终身寿险的特点在于终身保障，保险的保费是确定的，且保单具有现金价值，由保险公司每年分配的红利累积而成，保险费相对较高。除基本的保险成本外还把部分保费用于投资，投保人不参加投资操作。因为累积有现金价值，达到一定的年限剩余的保费不用缴纳，保障的额度与现金值的增加成正比。

◆ 年金险（分红型）

年金险（分红型）与年金险类似，特别之处在于投资者在领取生存金的同时，每年还可以享有保险公司的可分配盈余。

◆ 两全保险（分红型）

两全保险是结合终身寿险和年金险发展而来。寿险是因为人提早逝世丧失经济收入，用于保障亲人的生活；年金险是保障投保人自己的老年生活；而两全保险指生死两全，即被保险人在保险期内死亡，保险公司赔付保额，被保险人在保险期满后保险公司给付生存金，而保单持有人有权分享公司的经营盈利成果。

从上面介绍的分红险类型可以看出，分红险的收益其实由两部分组成：一部分是保证回报，指按照保险合同的规定，每隔若干年应返还给投保人的部分现金，也就是投资者的固定收益；另一部分是分红收益，也就是保险公司的经营盈利成果。

其中的保障利益，与一般保险没有差别，如身故保障、生存保险金给付等，其保障内容、保险金额、保单的价值和保险费都是投保时在合同中明确约定的。这部分就是常说的“保底”，也就是说不论保险公司的经营业绩情况变化，出现保险责任事故或保险期满触发相关条款时，保险公司都要兑现给客户。

下面我们来看一个实际的分红险产品。

案例故事 如意宝二号两全保险（分红型）收益计算

王女士50岁，手里有一些存款，考虑到自己年龄较大以及身体的原因，想要把钱投资保险，一来可以为自己提供健康保障，抵御一些可能会出现的外部风险，另一方面也希望获得一些稳定的收益。

她将目光投向了如意宝二号两全保险（分红型），除了具有保险的保障功能外，更具有稳健收益及持续分红的特点。该保险期限为5年，期满可一次性获得相当于所交保险费112.5%或112.1%的保险金额。如果在合同有效期间内非因遭受意外伤害而身故：若被保险人于首个保单周年日24

时之前身故，可获得身故保险金，金额为所交保险费的 105%；若被保险人于首个保单周年日 24 时之后身故，可获得约定保险金额的身故保险金。在合同有效期间内因遭受意外伤害而身故，包括自意外伤害发生之日起 180 日内因该意外伤害而身故，可获得身故保险金，金额为保险金额的 300%。

此外，王女士还可以每年参与周年红利的分配，分享公司盈利，按复利累积生息，但是分配的红利不保证。

如意宝二号两全保险（分红型）保费每份 1 000 元，10 份起售，被保险人在 30 天～60 周岁的，保险金额为 1 125 元。如果王女士趸交 100 000 元，购买 100 份，此时来计算王女士购买这份两全保险（分红型）可能得到的收益。

第一类身故保障金：

如果王女士在保障期间非意外身故，那么保障金如下：

51 岁：100 000×105%=105 000（元）

52 岁：1 125×100=112 500（元）

53 岁：1 125×100=112 500（元）

54 岁：1 125×100=112 500（元）

55 岁：1 125×100=112 500（元）

第二类意外身故保障金：

如果王女士在保障期间意外身故，那么保障金如下：

51 岁：1 125×100×300%=337 500（元）

52 岁：1 125×100×300%=337 500（元）

53 岁：1 125×100×300%=337 500（元）

54 岁：1 125×100×300%=337 500（元）

55 岁：1 125×100×300%=337 500（元）

第三类满期获得的保障金：

100 000×112.5%=112 500（元）或 100 000×112.1%=112 100（元）

第四类分红收益如下：

分红以实际保险公司每年的经营情况来确定，无法具体估算。

从上述案例，我们可以看到，在两全保险（分红型）的收益类型中，前三类属于保证的固定收益，而第四类分红收益则属于浮动收益。

对于分红险投资者来说，最为关注的就是分红，因为分红直接关系到他们的收益高低。因此，有必要了解分红险的具体红利来源。

分红险的红利来源主要是保险公司的可分配盈余，包括三个方面，即死差益、费差益和利差益，具体介绍如表 5–3 所示。

表 5–3　分红险的红利来源

来　源	说　明
死差益	保险险种在定价时使用的生命表有一个死亡率的问题，保险公司定价时会预定一个死亡率，当实际发生的死亡率小于预定的死亡率时，实际赔付比预期少，就形成了死差益，反之就是死差损
费差益	保险公司的运营管理都是有成本的，会产生费用，保险公司同样会预定一个费用率，如果实际发生的费用率小于预定的费用率，实际费用支出比预期少，那么就形成了费差益，反之就是费差损
利差益	保险公司聚集了大量的资金，会对其进行合理投资增值，通过对责任准备金的投资组合配置，会达成一定的收益。同样保险公司有一个预计的收益利率，以支付保费成本。当投资达成的实际收益高于预定的利率时，就产生了多余的收益，就形成了利差益，反之就是利差损

此外，保险公司分红时通常有两种分红方式，即现金分红和增额分红。

（1）现金分红

现金分红指每个会计年度结束后，保险公司根据当年的业务盈余来决定可分配盈余，各保单根据对总盈余贡献值的大小来决定红利的多少。具体来看，现金分红下的红利分配又分为下列三种方式：

①留存保险公司累计生息。指将红利留存于保险公司，按照公司每年

公布的红利累计利率按复利方式累计生息，直至合同终止或投保人申请领取时给付。

②抵扣下一期保费。指将红利收益用于抵扣下一期应交保费金额。

③以现金支取红利。指直接用现金的方式发放红利。

（2）增额分红

增额分红以增加保单现有保额的形式分配红利，保单持有人只有在发生保险事故、期满或退保时才能真正拿到所分配的红利。

通过增额红利法分配红利，投保人只能将红利用于增加原保单的保险金额，且红利的支配方式比较单一。但是这样的分红方式使保险公司降低了红利现金支付的压力，使其能在一定程度上增加长期资产投资的比例，进而提高总的投资收益，因此更受保险公司喜欢。

分红险对投资者而言，最为看重的还是分红。因此，想要获得更多的收益，在选择之初就要做好准备，尽量选择背景雄厚、实力强劲以及成立时间长的大公司，这样分红的可能性更高。

2 万能险——保障人身外还提供收益

万能险是万能保险的简称，除了与传统寿险一样保障生命之外，还可以让投资者参与由保险公司为投保人建立的投资账户内资金的投资活动，保单价值与保险公司独立运作的投保人投资账户资金的业绩挂钩。

万能险既具备了保障功能，也具有投资特性，产品中设置了两个账户：保障账户和投资账户。在保障账户中投保人可以进行有关管理，例如保障费用的支出、保障额度的调整以及保障内容的选择；在投资账户中，投保人将投资管理权全部交保险公司进行理财，投保人可以享受投资账户中的投资收益。

图 5-1 所示为万能险账户示意图。

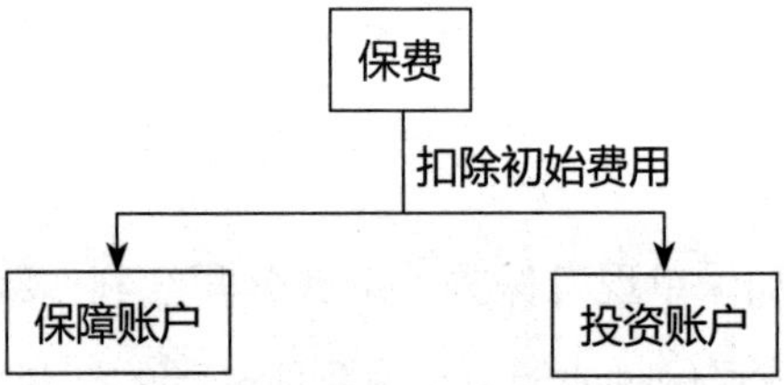

图 5-1　万能险账户示意图

根据图 5-1 可知，投资者投入保费后，首先扣除初始费用，剩余部分的保费金额分别进入保障账户和投资账户。但是，并不是平分比例，两个账户各自占比由投资者自己决定。如果投保人更看重保障的功能，可以调高保障额度，让保障账户的资金更多一些；如果投保人的目的是理财，可以把保障额度调整到最低，让更多的保费进入理财账户。

图 5-2 所示为万能险运作示意图。

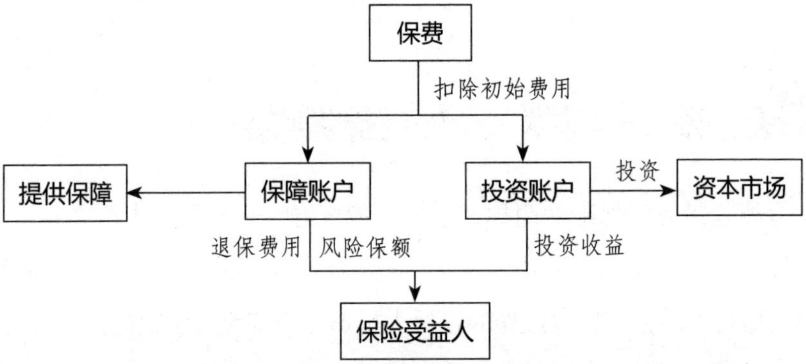

图 5-2　万能险运作示意图

从图 5-2 可以了解到，万能险的核心在于“保障账户”和“投资账户”

的双账户设置，它们分别具有不同的功能。

（1）保障账户

保障账户类似于一般的保险，目的在于为被保险人提供各类合约内的保障，例如寿险、重疾险、医疗险和意外险等。该账户有两个特点，如下所示。

①想要享受保障账户提供的保障功能需要长期按期交费，有的甚至是终身交费，例如寿险。如果投保人停止交费，那么保障账户的保障功能也就失效了。

②不同性别、健康状况和年龄的投保人，交费的费率不同，通常情况下，年龄越大的投保人费率越高。

（2）投资账户

投资账户相较于保障账户来说比较复杂，主要是随着保费的追加以及资金的流出，投资账户中的价值变化较大，如图 5-3 所示。

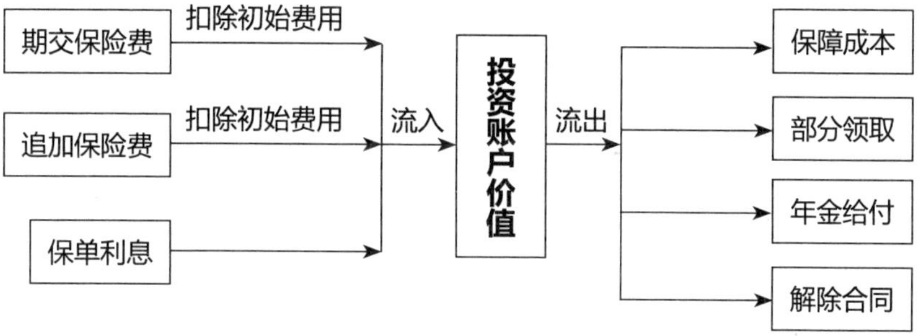

图 5-3　投资账户价值变化

从图 5-3 可以看到，投保人交付保费，保险公司扣除初始手续费用后，部分资金流入投资账户。保险公司对投资账户进行投资盈利，盈利得到的钱将回到投资账户中作为本金继续投资，实现复利。同时，投保人需要定期为得到的保障支付保险成本，此时保险公司会自动从投资账户中扣除保障账户中所需交付的保费。当投资账户中的资金不能抵扣保障成本时，保单就失效了，保障也不再有了，更不会有利息进入投资账户了。

根据万能险保障程度的不同可分为两种类型，具体如下：

①重保障型，指保险金额高，前期扣费高，投资账户资金少的万能险，但这类保险前期退保损失较大。

②重投资型，指保险金额低，前期扣费少，投资账户资金较多的万能险，这类保险退保损失较小。

万能险之所以“万能”也在于其灵活的特性，如表 5-4 所示。

表 5-4　万能险的特点

特　　点	内　　容
交费灵活	万能险交费非常灵活，投保人可以根据自己的意愿来修改交费期，也可以在未来收入变化较大时根据具体的经济情况暂缓交费或停止交费，当经济情况好转时也可以继续补交保费，甚至还可以一次或多次追缴保费
保额灵活	投保人可以在保险公司提供的范围内，结合自身的实际情况对保额自主选择，或者是在自身保障需求有变化时修改保额
流动性强	万能险投保人可以随时领取保单的价值金额，作为子女的教育金、婚嫁金、创业金或是养老金等，这样的机制使得投保人的资金流动增强

此外，万能险与分红险最大的区别在于是否保证收益。我们知道分红险虽然投保人可以享受保险公司的经营利益，但具体的收益并不保证，也就是说以公司的实际经营结果为准，可能有分红，也可能没有分红。

但万能险通常会向投保人保证一个基准收益，也就是说万能险收益的最低利率范围。通常保险公司提供的保证利率为 1.75% ~ 2.5%，高于保证利率的收益归投保人所有，但是保险公司可以预留一部分建立平滑基金。也就是说，保险公司会向投保人保证最低利率，但最终的实际收益还是取决于保险公司对资金的运作和管理能力的高低。

需要注意的是，万能险的保证收益并不是全部保费的收益率，而是扣除费用及保障成本的保费之后，进入投资账户的部分。

3 投连险——投资与保险直接关联

投连险，即连接投资和保险的保险，指在一份终身寿险产品中既包含保险保障,同时也具有投资功能。虽然分红险和万能险也同样具有投资功能，但投连险与它们有着明显的区别。

投连险的保障性体现在，当被保险人在保险期间出现身故时，将获取保险公司支付的身故保障金，同时通过投连险附加险的形式也可以使投保人在重大疾病或意外事故等其他方面获得保障。而在投资方面，保险公司使用投保人支付的扣除初始费用后的保费进行投资，并获取收益。

投连险也同万能险一样有两个账户：保障账户和投资账户，但不同之处在于，为了迎合有更多投资需要和不同投资需求的投资者，投资账户分为多种风格，投保人可以根据自己的需要选择一个或多个与自己风格匹配的投资账户。

通常投连险提供有下列三类基本账户，具体如下：

激进账户。激进账户采用的是比较激进的投资策略，投资对象通常以股票为主，以追求更高收益的可能性。因此，该账户具有高风险、高收益的特点。

稳健账户。稳健账户采用较稳健的投资策略，投资对象以债券为主，追求稳健的预期收益。该账户所有投资行为的前提都是保证资金安全，然后通过对利率和证券市场的判断，调整不同投资品种上资产的比例，力求获得资金长期、稳定的增长。

保守账户。保守账户采用保守的投资策略，在保证本金安全和流动性的基础上，通过对利率走势的判断，合理安排各类存款的比例和期限，以实现利息收入的最大化。因此，该账户的投资对象主要是以存款、货币基金为主，风险较低，预期收益也比较低。

下面我们通过一个实际的投资险产品来查看投连险的特点。

案例故事 安联 e 生盈年金保险（投连型）产品分析

安联 e 生盈年金保险（投连型）为每一个投资者设立了两个账户，即保障账户和投资账户。

保障账户由三部分组成：即初始费用、风险保险费和资产管理费，安联 e 生盈年金保险（投连型）的保障账户如表 5–5 所示。

表 5–5 保障账户

项　　目	收费标准	收费方式
初始费用	0.3%	收到保费后一次性扣除
资产管理费	不超过 2%	每日净值中已扣除
保单管理费	–	–
账户转换费	–	–
退保及部分领取费用	1%（合同生效第 1 ~ 5 年）；0%（第 6 年及以后）	解除合同或部分领取时，从保单账户价值中扣除

保障账户与传统保险类似，都需要交初始费用和管理费用，以及退保之后领取保费。但是，安联 e 生盈年金保险（投连型）的投资账户却区别较大。

首先该产品提供了九大投资账户供投保人选择，不同的账户具有不同的特点，具体如表 5–6 所示。

表 5-6　投资账户

投资账户名称	类　　型	风险水平	投资策略
财富成长型	混合型	高	采取积极主动的投资策略，主要投资对象为股票类或混合类基金，并辅以固定收益类资产
理财平衡型	混合	中高	采取收益与风险平衡的投资策略，均衡配置证券投资类基金与固定收益类资产
省心安益型	货币	低	采取安全稳健的投资策略，主要投资于货币基金和短期货币式工具
债券稳健型	债券	中低	主要投资固定收益类资产和债券型基金，然后辅以货币市场工具与现金资产
指数优势型	股票	中高	主要采取被动式股票指数化投资，以实现对股票指数的有效跟踪
安赢慧选 1 号	混合	中高	灵活配置于权益类和固定收益类资产，通过仓位调整，在波动率控制的基础上获得更高的收益
安赢慧选 2 号	混合	中高	灵活配置于权益类和固定收益类资产，通过仓位调整，在波动率控制的基础上获得更高的收益
安赢慧选 3 号	混合	中高	灵活配置于权益类和固定收益类资产，通过仓位调整，在波动率控制的基础上获得更高的收益
安赢慧选 6 号	混合	中高	偏重权益类资产的投资和配置，力求在有效控制风险的基础上，以灵活的资产配置，获得长期的资产增值，从而分享资本市场

投资者可以直接从中选择一个投资账户进行投资，还可以选择组合账户进行投资。安联 e 生盈年金保险（投连型）提供了三种类型的投资组合，适合不同投资风格的投资者，如表 5-7 所示。

表 5-7　投资组合账户

投资组合账户名称	配　　置
投资行家	安赢慧选 3 号（35%）+ 债券稳健（25%）+ 安赢慧选 6 号（35%）+ 省心安益（5%）
白领丽人	财富成长（25%）+ 理财平衡型（25%）+ 省心安益（50%）
初出茅庐	债券稳健（30%）+ 安赢慧选 6 号（50%）+ 省心安益（20%）

可以看到，实际上推荐的三种组合类型也分为积极型投资策略、稳健型投资策略和保守型投资策略，投资风险逐渐降低。这样组合投资的方式分散了投保人的资金，也为保守型投资者提供获得更高收益的可能性。

除了选择产品推荐的投资账户组合之外，有经验的投保人或是有想法的投保人还可以自己组合，搭配属于自己的投资账户。

从上述案例可以看到，投连险除了对投保人的生命安全和身体健康提供保障之外，还可以从投资中获得收益。此外，投连险的多投资账户设置，让投保人能根据自己的喜好单独选择投资或是组合投资，灵活性更大，也降低了投资的风险。因此，投连险受到了许多保险理财人的喜欢。

4 年金险——给养老或子女教育增加保障

年金险全称为年金保险，指投保人或被保险人一次或按期交纳保险费，保险人以被保险人生存为条件，按年、半年、季或月给付保险金，直至被保险人死亡或保险合同期满，属于人身保险的一种。当被保险人在年老或丧失劳动能力时，保险公司按照合同约定定期返还本金和利息，用以应对被保险人的生活开支或专项开支。

简单来理解，就是投保人每月或每年定期交纳一定的费用，年老时就可以每月或每年定期领取部分保费和利息用于生活或专项开支，是很多人的养老首选。

这么看来，年金险实际上与定期储蓄有点类似，都是通过定期储蓄的方式存入资金，到期后享受本金和利息。但是，区别在于年金险具有保险的保障性。也就是说，年金险分为两种情况，涉及三个当事人，具体如图 5-4 所示。

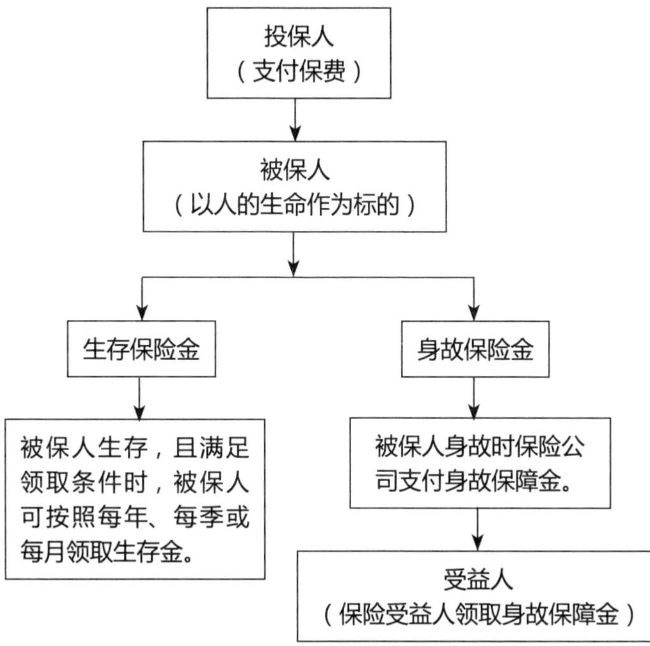

图 5-4　年金险示意图

从图 5-4 可以看到，年金险运作中主要涉及投保人、被保人和受益人三个当事人。投保人指交付保费的人；被保人指以人的生命作为标的的人；受益人指被保人身故，领取身故保障金的人。通常来说，投保人可以同时为被保人，而受益人则为亲属。

当被保人在投保期内身故，受益人可以领取身故保障金；被保人生存，触发领取条件，包括年老或丧失劳动力等，被保人可根据保险合同的约定每月、每季或每年领取生存金。

年金险根据支付保险金时间的不同，可以分为三种类型，具体如下：

（1）终身年金保险

终身年金保险，也称为“养老年金保险”或“养老金保险”。一般投保人是单位或团体，被保险人是该单位或团体的在职人员。按保险合同规定，投保人汇总交付保险费，直到被保险人到达规定退休年龄；保险公司对已退休的被保险人按期或一次性给付保险金，当被保险人死亡或已一次给付全部保险金，保险终止。

我们平常接触最多的社保中的养老保险就属于终身年金保险。下面我们以社保中的养老保险为例进行介绍。

案例故事 **社保中的养老保险如何领取养老金**

养老保险是社保中一种最为重要的险种，主要是为了保障城乡居民和在职职工年老之后的基本生活需求。

养老保险缴费分为两个部分，即企业缴费和个体缴费。企业按照个人工资水平的16%缴纳，个人按照8%缴纳。投保人缴费满15年，退休后可以领取养老金。途中如果出现中断对退休领取养老金影响不大，只要年限满足15年即可。但如果到了退休年龄，还没有缴满15年，则可以办理延期缴费（各地延期缴费的政策不同，以当地的实际政策为准）。

如果投保人实际工资为5 000元/每月，则养老保险每月缴费如下：

企业缴费：5 000×16%=800（元）

个人缴费：5 000×8%=400（元）

假设，某李姓投保人为女性，25岁开始每月工资都为5 000元，缴费至55岁，退休时养老保险的缴费情况如下：

（800+400）×12×（55−25）=432 000（元）

退休后，投保人领取养老金的情况如下：

投保人领取的养老金主要包括两个账户：个人账户养老金和基础账户养老金。

① 个人账户养老金

个人账户养老金指个人所有的，养老金储蓄额，也就是职工在工作期间个人和单位缴纳的资金。但是个人账户储蓄额只能用于被保险人养老，不能提前支取。计算公式如下：

个人账户养老金 = 个人养老金账户金额 ÷ 分摊月数

其中，分摊月数 50 岁为 195、55 岁为 170、60 岁为 139。

以该李姓投保人为例，该投保人 55 岁退休后每月可以领取的个人账户养老金为：432 000 ÷ 170=2 541.18（元）

② 基础账户养老金

基础账户养老金的高低取决于个人的平均缴费指数，新计发办法规定，基础养老金是指职工退休时上年度在岗职工月平均工资与本人指数化月平均缴费工资之和的平均值（即两个数之和的一半）作为计发基数，缴费每满 1 年（含视同缴费年限，计算到月）发给 1%。计算公式如下：

基础养老金 = 全省上年度在岗职工月平均工资 ×（1+ 本人平均缴费指数）÷ 2 × 缴费年限 × 1%

本人指数化月平均缴费工资 = 全省上年度在岗职工月平均工资 × 本人平均缴费指数

个人的平均缴费指数就是自己实际的缴费基数与社会平均工资之比的历年平均值，下限为 0.6，上限为 3。

以该李姓投保人为例，投保人退休时当地社会的平均工资为 6 000 元，历年来的缴费指数为 2，那么投保人退休后每月可以领取的基础账户养老金为：6 000 ×（1+2）÷ 2 × 30 × 1%=2 700（元）

因此，李姓投保人退休后每个月可以领取到的养老金总共为：

2 541.18+2 700=5 241.18（元）

（2）定期年金险

定期年金保险，按保险合同规定，投保人或被保险人在合同期内缴纳保险费，保险公司以被保险人在合同规定的期限内生存为条件，承担给付保险金的责任，规定的期限届满或被保险人死亡，保险终止。

这类年金险比较常见的是子女教育金保险，下面以一个具体的教育金保险为例进行介绍。

案例故事 阳光成长 1 号少儿综合保障计划收益计算

陈妈妈的宝宝今年 3 岁了，考虑到宝宝之后的教育问题，陈妈妈想到教育金保险，一方面可以强制储蓄，专款专用，为宝宝后续的成长和教育储备稳利的教育基金；另一方面也可以享受一定的收益。

通过大量的考察，她看到了阳光成长 1 号少儿综合保障计划，这是一款教育金保险，产品设置了 3 种类型不同程度的教育金保险，不同的类型交费额度也不同。

以孩子 3 岁，且领取年限为 30 岁为例。

第一类：国内本科

如果陈妈妈选择国内本科，那么陈妈妈最少每个月需要交费 2 500 元，最高不限，需要交费 5 年。孩子 18 ~ 21 岁时，每年可以领取 30 000 元，到期后可以一次性领取 248 347 元。

以普遍孩子国内升学的时间来看，18 时高中毕业，至 21 岁则为国内本科 4 年，每年领取 30 000 元，可以用于孩子的学费和生活费。30 岁时，孩子已经毕业，可能有结婚或创业需要，此时则可以一次性领取 248 347 元。

此次投资，陈妈妈的最终收益率计算如下：

$$[(30\,000\times4+248\,347)-2\,500\times12\times5]\div(2\,500\times12\times5)=145.6\%$$

第二类：国内本硕

如果陈妈妈选择国内本硕，那么陈妈妈每月最少需要交费 5 000 元，最高不限，需要交费 5 年。孩子 18 ～ 24 岁时，每年可以领取 50 000 元，到期后可以一次性领取 423 647 元。

以普遍孩子国内升学的时间来看，本硕连读通常需要 7 年，所以孩子教育金领取时间分为 18 岁至 24 岁领取 7 次，每次 50 000 元，用于孩子的学费和生活费。30 岁时，孩子毕业，创业或结婚需要，此时一次性可以领取 423 647 元。

此次投资，陈妈妈的最终收益率计算如下：

[（50 000×7+423 647）−5 000×12×5]÷（5 000×12×5）=157.9%

第三类：海外留学

如果陈妈妈选择海外留学，那么陈妈妈月最少需要交费 12 500 元，最高不限，需要交费 5 年。孩子 18 ～ 21 岁时，每年可以领取 150 000 元，30 岁到期后可以一次性领取 1 256 128 元。

海外留学需要的花销更大，同样的本科学习海外需要花费更多的资金，所以需要提前储备的教育基金也更多。

此次投资，陈妈妈的最终收益率计算如下：

[（150 000×4+1 256 128）−12 500×12×5]÷（12 500×12×5）=147.5%

考虑到实际经济情况和自身的经济条件，陈妈妈选择了第二类国内本硕教育金计划。

案例介绍的是比较典型的子女教育金保险，即定期存入定额资金，然后到期后根据合约逐步支付给子女。

（3）联合年金保险

联合年金保险指的是被保险人有两个或两个以上且年金给付持续到最后一个人死亡为止的年金保险。年金保险是预防被保险人因寿命过长而可能丧失收入来源或耗尽积蓄而进行的经济储备。如果一个人的寿命与他的预期寿命相同，那么他参加年金保险既未获益也未损失；如果他的寿命超过了预期寿命，那么他就获得了额外支付，其资金主要来自没有活到预期寿命的那些被保险人缴付的保险费。因此，年金保险有利于长寿者。

联合年金保险有两种基本形式：一种是联合生存年金；另一种是联合和最后生存者年金。具体如下所示。

联合生存年金。联合生存年金指两个或两个以上的人在共同生存条件下提供规定金额的年金，如果其中一个被保险人死亡就停止给付年金。

联合和最后生存者年金。联合和最后生存者年金规定只要两个或两个以上的人中还有一个人生存便继续给付年金，直到最后一个生存者死亡才停止给付。由于联合和最后生存者年金给付到最后一个被保险人死亡时为止，因此它与相同年龄和金额的单人年金相比要缴付更多的保险费。联合和最后生存者年金可以采用趸交保费的即期年金方式购买，也可以采用分期交费的延期年金方式购买。

总的来看，年金险在家庭财产有闲余的情况下，是一个不错的理财投资选择。因为年金险投资具有三个比较突出的优势。

①操作简单。投保人投保之后，只要按期交费就可以了，不需要再做其他的操作。甚至绑定银行卡之后，可以设置自动扣款，投保人不需要过多操心，只要确保银行卡余额充足即可。

②强制储蓄。根据年金险的交费特点来看，年金险通常为每年或每月按期交费，具有强制储蓄的特点，比较适合没有储蓄意识的年轻人，坚持长期储蓄即可实现养老计划。

③回报明确。年金险的回报比较明确，这是年金险的主要特点之一。投资者在投资之初就能够根据自己的投资数额，计算出个人购买的额度和交费期限，到了约定时间后即可每月领钱。

正是因为有了这些优势，才使得年金险越发受欢迎。投资者可以根据自己的需要选择最适合自己的年金保险。但是在购买之前，需要明确年金险的领取额度、交费方式以及领取方式等。

5.3 慎重购买才能更保险

有了保险理财的想法之后，还要掌握一定购买保险以及鉴别保险的基本方法，才能在买保险时做到明明白白，成为一个不被轻易欺骗的投保人，确保保险理财万无一失。

1 了解多种保险购买方式

随着互联网的高速发展，保险购买渠道也呈现出多元化的特点。面对众多的销售渠道，投保人要明确这些渠道的差异和特点，选择一个靠谱的渠道投保更安全。

如今市面上比较常见的保险购买渠道主要有以下五类：

（1）保险代理人

保险代理人指根据保险人的委托授权，代理其经营保险业务，并收取代理费用的人。保险代理人在保险人授权的范围内以保险人的名义进行业务活动，包括招揽业务的宣传推销活动，接受投保，出立暂保单或保险单，代收保险费，代理查勘、理赔等。

提及保险购买，很多人脑海中的第一印象就是保险代理人，因为保险代理人不仅销售保险产品，更重要的是他们提供的服务，具体如下：

①为投保人做理财规划。许多投保人属于第一次投资，缺乏投资经验，且对保险相关知识了解并不多，所以往往自身不能进行有效的财务规划。但是保险代理人则不同，他们具备专业的知识和能力，能够根据投保人的实际情况为其推荐适合的产品，帮助其进行财务规划。

②提供有效的服务。代理人可以为投保人提供专业的服务，解决投保人在投保过程中的一系列问题，以便投保人能更容易理解投保流程。此外，部分的保险代理人还可以上门服务，省去了投保人的麻烦。

虽然保险代理人确实可以为投保人带来便捷，但也存在一定的问题，首先保险代理人通常只为一家保险公司服务，所以其推荐的产品往往比较单一。其次，保险代理人的业务水平参差不齐，流动性较大，可能会为了销售业绩而出现诱导销售的情况。因此，投保人在选择保险代理人时要对保险代理人进行审核，包括其专业知识、服务意识以及个人品质等。

（2）第三方中介公司

第三方中介公司指的是一些保险经纪公司，它们通常同时代理销售多家保险公司的产品，提供的保险产品种类也更加丰富。

《保险法》第一百一十八条：“保险经纪人是基于投保人的利益，为投保人与保险人订立保险合同提供中介服务，并依法收取佣金的机构。”

因此，保险经纪公司中的保险经纪人相当于保险导购员。其职责是为投保人拟订投保方案、选择保险产品、办理投保手续以及协助被保险人或者受益人进行索赔。

通过第三方中介购买保险，最大的优势就是产品种类丰富，但由于佣金，使得其投资成本更高。

（3）电话销售

电话销售是一种比较传统的保险销售渠道，也是保险公司销售的重要渠道之一。投保人可以在销售人员打进电话时询问保险产品的情况，也可以在其官网上留下电话，等待销售人员联系。

电话销售是一种省时、省力，且流程简单的销售方式，也受到了广大投保人的喜欢，比较常见的就是车险。

（4）银行购买

银行也可以代售保险产品，在银行购买保险往往更容易使投保人放心。在银行购买的保险产品称为“银保产品”。银行销售的保险产品通常设计简单，投保简单，且期限相对较短。这些优势弥补了传统保险复杂难懂、烦琐不便的缺点。

其次，除了可以在银行网点购买外，也可以在银行的官网上购买，同样方便快捷。

（5）保险公司购买

保险公司为保险产品的直销平台，投保人在保险公司购买可以省去不必要的中介费。如今，保险公司通常都有自己的官网，投保人可以自行在官网商城购买，也可以线下购买，简单方便。

但是投保人在购买时选择的保险公司应尽量是知名的、资金实力雄厚的大品牌保险公司，例如中国人寿、中国平安以及太平洋保险等。

2 投保之前看懂保险合同

保险合同是投保人与保险人约定保险权利与义务关系的协议，属于民商合同的一种，其设立、变更或终止时具有保险内容的民事法律关系。如果投保人没有看懂保险合同就贸然购买，那么可能连自己的权益都没有真正清楚，又谈何保障呢?

投保人拿到一份保险合同可以从以下四个方面入手：

（1）明确保险合同主体

阅读保险合同之前，首先要明确四个主体，即保险人、投保人、被保险人和受益人，具体如下所示。

①保险人指与投保人签订保险合同，并按照合同约定承担赔偿或给付保险金责任的保险公司。

②投保人指与保险公司签订合同，并按照保险合同约定支付保险费的人，是花钱的人。

③被保险人指其财产或人身受保险合同的保障，享有保险金请求权，是受保障的人。

④受益人是人身保险合同中，由投保人或被保险人指定的享有保险金请求权的人，是领钱的人，在合同中载明。

其中，投保人、被保险人和受益人，可以是同一人，也可以是两个或多个人。

（2）确定两大责任

投保人需要注意两大责任，即保险责任和责任免除。保险责任指的是保险人按照合同约定，对可能发生的事故引起的财产损失或保险人死亡、伤残、疾病或者达到合同约定的年龄期限时承担的赔偿或给付保险金责任。简单来说，就是触发保险公司理赔责任的具体条件，可能是事故、身故、伤残或到达合同约定年龄。

责任免除与保险责任相对应。保险责任说明了在哪些情况下，保险公司有理赔责任；而责任免除则说明了在哪些情况下，保险公司没有理赔责任。例如车辆意外险，司机有酒驾、醉驾或无证驾驶行为的，都属于责任免除，保险公司不予赔付。

（3）清楚两大金额

投保人要明确两个重要的金额，即保费和保险金额。保费就是我们应该交的钱，投保人要知道交费的方式、交费的金额以及交费的时间。

如果合同中有“保费豁免”的，还要仔细确定豁免的具体内容，保费豁免相当于为保单再加一份保险。它指某些特定情况下，投保人不需要再交纳后续保费，但是保险合同继续有效。比如给子女购买的保险，需要交费 20 年，但投保人购买一段时间后因意外身故，剩下的时间不用继续交纳，孩子的保障继续有效。

保险金额简称保额，指一个保险合同项下保险公司承担赔偿或给付保险金责任的最高限额，即投保人对保险标的的实际投保金额，同时也是保险公司收取保险费的计算基础。

（4）理清几个重要时点

每一份保险合同都会涉及几个重要的时点，且各个时点都具有不同的意义，具体如下：

犹豫期。买保险都有一个犹豫期，也被称为“反悔期”，指投保人在犹豫期内如果反悔，可以撤销合同退保。犹豫期内退保，不会损失投保本金，但通常需要缴纳 10 元左右的手续费。犹豫期通常在 15 天左右。

观察期。观察期也被称为等待期，主要是针对医疗险，在观察期内如果被保险人发生重疾，保险公司根据合同约定是不予以赔偿的。不同的险种观察期长短也不同，通常医疗险的观察期在 30 天左右，重疾险的观察期在 90 ~ 180 天。

宽限期。宽限期是针对需要每年定期交纳保费的保险，到第二年交费日，如果投保人没有交费，保单就会进入宽限期，在宽限期内保单还依然有保障。通常宽限期为 60 天，60 天内补交保险费，保单没有任何影响。

中止期。中止期出现在宽限期之后，也就是说如果投保人超过宽限期没有补交保费，则保单就进入了中止期。中止期内保单失效，对被保险人不起保障作用，但是属于半失效，只要投保人在两年内补交保险费那么保单就能重新激活，复效。

终止期。终止期出现在中止期后，也就是说如果投保人超过中止期，即两年内没有补交保险费，那么保单就进入终止期了，永久失效。

此外，投保人针对保险合同有任何不清楚或是不明白的地方，一定要咨询工作人员，将信息确认清楚之后再签合同。这样才能最大限度保障自己的权益。

第6章

股票的低风险投资法

说到股票投资，大部分人总是会不自觉地将其和高风险、高收益关联起来。确实，股市投资风险较大，对于一些追求保守收益的人来说，并不适合。但很多人不知道的是，股票也有低风险的投资法，适合保守型的投资者。

6.1 掌握股票知识再进股市

想要股市淘金，就不得不掌握一定的炒股知识，尤其是一些没有投资经验的炒股新手，在炒股之初更需要掌握股市投资的相关基础知识，才能在股市操作中游刃有余。

1 炒股是怎么一回事儿

炒股实际上就是投资者通过证券公司，开设一个股票账户进行股票买进和卖出交易。当投资者的买进价低于卖出价格时，投资者赚取差价收益；当投资者的买进价高于卖出价格时，投资者亏损差价。图 6-1 所示是炒股示意图。

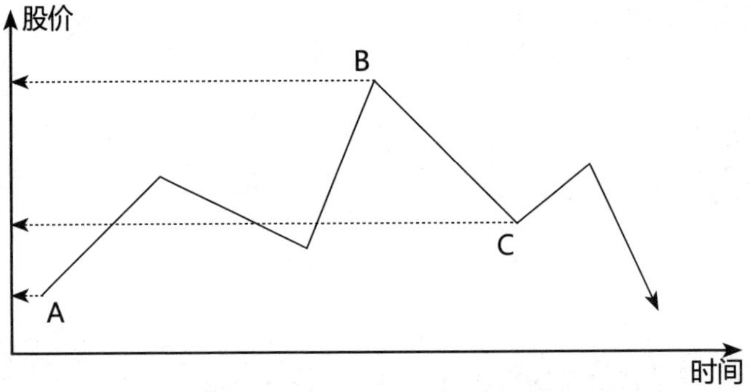

图 6-1　炒股示意图

当投资者在 A 点位置买进，B 点位置卖出时，价格上涨，B 点股价高于 A 点股价，投资者收益为 B–A；当投资者在 B 点位置买进，C 点位置卖出时，价格下跌，C 点股价低于 B 点股价，投资者亏损为 B-C。

可以看到，股票投资实行单向交易，即投资者只能买涨做多，而不能买跌做空。因此，投资者需要通过一系列的技术手段和走势研判方法，尽量让自己买在最低位置，在最高位置卖出，才能获得最大的收益。

2 股市交易的流程和规则

明白了炒股投资之后，投资者还要了解股市交易的基本流程和规则。

（1）股市交易的流程

股市交易通常需要经过开户、委托、竞价成交、清算交割和过户五个步骤：

开户。投资者在进行股票交易之前，需要到证券经纪公司开户。只有开户后，投资者才有资格委托经纪人进行证券交易。

委托。投资者想要进行股票交易，必须通过证券公司进行证券交易。投资者委托证券经纪人买卖某种证券时，要签订委托契约书，填写年龄、职业、身份证号码、通信地址和电话号码等基本情况。委托书还要明确买卖何种股票、何种价格、买卖数量及时间等。

竞价成交。证券公司在接受个人投资者的委托之后，就会按照投资者的指令进行申报竞价，然后成交。

清算交割。在达成一笔证券交易之后，需要进行价款的结算和证券的交收。清算和交割统称证券的结算，它关系到交易达成之后，交易双方权利和责任的了结，决定了一次交易能否顺利进行，是证券市场持续进行交易的基础和保证。

过户。我国的证券交易所已经实现无纸化交易，所有的过户手续都由证券交易所的自动过户系统一次完成。对于一次证券交易来说，完成了结算就意味着完成了过户，投资者不需要再额外办理过户手续。

（2）股票交易的规则

股市交易有其特别的交易规则，需要每一位投资者明确，这也是新手股民进入股票交易市场的第一步，具体内容如表 6-1 所示。

表 6-1　股市交易规则

项　　目	内　　容
交易时间	每周一至周五（法定节假日除外）开盘前的 9:15—9:25 为集合竞价时间段，以此来产生开盘价；9:30—11:30 和 13:00—15:00 为交易时间段。其中深市 14:57—15:00 最后三分钟为集合竞价时间段，也是产生收盘价的时间段
“价格优先，时间优先”原则	交易所将按“价格优先，时间优先”的原则自动撮合成交。价格优先指价格较高的买进委托优先于价格较低的买进委托成交，价格较低的卖出委托优先于价格较高的卖出委托成交；时间优先指同价位委托，按时间顺序优先成交
交易单位	股票的交易单位为“手”，一手即为 100 股，委托买入数量必须为 100 股或者为其整倍数
报价单位	股票的报价单位与交易单位有所区别，股票的报价单位为“股”，即某股票当前价位为 10 元每股
涨跌幅限制	除了上市首日以及 ST 股外，股票的交易价格相对于前一个交易日的收盘价，涨跌幅度不得超过 10%，ST 股涨跌幅不得超过 5%。由于新股比较特殊，所以其管理规范也比较特殊，具体涨跌幅限制为：盘中成交价格较开盘价首次上涨或下跌 10% 以上（含 10%），停牌 30 分钟；上涨或下跌 20% 以上（含 20%），停牌时间持续至当日的 14:57
“T+1”交易制度	T 表示交易日当天，T+1 表示交易日当天的下一个交易日。T+1 交易制度指投资者当天买入的股票不能在当天卖出，需要等到下一个交易日才能卖出

❸ 股票的类型要一清二楚

我国股票市场的股票种类和数量较多，了解这些股票类型可以帮助投资者在股票市场中做好股票选择。

（1）根据股票持有主体划分

按股票持有者可分为国家股、法人股和个人股三种。国家股指有权代表国家投资的部门或机构以国有资产向股份公司投资形成的股票；法人股指企业法人或具有法人资格的事业单位和社会团体，以其依法经营的资产向公司非上市流通股权部分投资形成的股份；个人股指社会个人或股份公司内部职工以个人合法财产投入公司形成的股份。

三者在权利和义务上基本相同，不同点是国家股投资资金来自国家，不可转让；法人股投资资金来自企事业单位，必须经中国人民银行批准后才可以转让；个人股投资资金来自个人，可以自由上市流通。

（2）根据股东权利划分

根据股东权利划分可以分为普通股和优先股。普通股是股份公司中最基本的一种股份，也是构成企业资金的基础；优先股是一种没有期限的有权凭证，它在分配红利和剩余财产时具有优先权，且在优先股的票面上标注有“优先股”字样。

（3）根据发行范围划分

根据股票的发行范围可以分为 A 股、B 股、N 股及 S 股等，具体如下：

- **A 股**：A 股的名称为人民币普通股，是由我国境内的公司发行，供境内机构、组织或个人以人民币认购和交易的普通股股票。
- **B 股**：B 股的名称为人民币特种股票，属于境内上市的外资股，它以人民币表明面值，以外币认购，供境外投资者买卖。

◆ **N股**：N股指在我国内地注册，在纽约上市的外资股。

◆ **S股**：S股指在我国内地注册，在新加坡上市的外资股。

（4）“ST”股和“*ST”股

在实际的投资中，投资者常常会看到有的股票名称前加了“ST”或“*ST”。对于这一类股票，投资者要引起重视。

“ST”股指的是“特别处理”的股票，该政策针对的对象是出现财务状况或其他状况异常的上市公司的股票。1998年4月22日，沪深交易所宣布，将对财务状况或其他状况出现异常的上市公司股票交易进行特别处理（Special Treatment），在简称前冠以“ST”。

“*ST”股是为了警示存在退市风险的ST股，从2003年开始，在这类ST股前面添加“*”符号。

4 股票收益该怎么计算

都说股票投资收益丰厚，但如果投资者连基本的收益计算都不会，又何谈收益呢?

股票收益计算方法非常简单，计算公式如下：

盈亏 = 卖出股票价格 × 数量 − 买入股票价格 × 数量 − 各项手续费用

计算结果为正，说明投资获益；计算结果为负，说明投资亏损。除了简单计算盈亏之外，还要计算该笔投资的收益率，判断收益率高低，计算公式如下：

收益率 =（卖出总金额 − 买入总金额）÷ 买入总金额 ×100%

例如，投资者在 8.5 元 / 股的时候买入 1 000 股，在 10 元 / 股的时候卖出全部持股，投资者的盈亏情况（按照净值无手续费的情况下计算），以及投资者的收益率。

投资者盈亏：$10\times1\,000-8.5\times1\,000=1\,500$（元）

投资者收益率：$(10\times1\,000-8.5\times1\,000)\div(8.5\times1\,000)\times100\%=17.6\%$

根据盈亏公式可以看到，股票投资涉及各项手续费用。手续费用属于投资成本的一部分，投资者需要对其进行详细了解。股票投资的手续费主要由以下几项组成：

印花税。成交金额的 1‰。2008 年 9 月 19 日至今由向双边征收改为向出让方单边征收，受让者不再缴纳印花税。上海股票及深圳股票均按实际成交金额的千分之一支付，此税收由券商代扣后由交易所统一代缴。债券与基金交易均免交此项税收。

证管费。按成交金额的 0.002% 双向收取。

证券交易经手费。A 股，按成交金额的 0.004 87% 双向收取；B 股，按成交额 0.004 87% 双向收取；基金，上海证券交易所按成交额双边收取 0.004 5%，深圳证券交易所按成交额 0.004 87% 双向收取；权证，按成交额 0.004 5% 双向收取。A 股证管费和证券交易经手费收费合计称为交易规费，合计收取成交金额的 0.006 87%，包含在券商交易佣金中。

过户费。这是指股票成交后，更换户名所需支付的费用。从 2015 年 8 月 1 日起已经更改为上海和深圳都进行收取，此费用按成交金额的 0.02‰收取。

券商交易佣金。最高不超过成交金额的 3‰，最低 5 元起，单笔交易佣金不满 5 元按 5 元收取。

5 股市投资基本的术语要掌握

股市投资中常常会用到一些术语，例如低开、高开、吃货和出货等。如果投资者不了解这些术语就匆匆入场，很有可能会弄不清各种说法的含义。表 6-2 所示为股市投资者中常用到的一些术语。

表 6-2 股市常用术语

术 语	说 明
开盘价	当天第一笔成交的价格
收盘价	当天最后一笔成交的价格
最高 / 低价	当天所有成交价格中的最高 / 低价格
成交量	股票在交易日完成的交易股数
高开	开盘价比上一个交易日的收盘价高，但没有高过最高价
低开	开盘价低于上一个交易日的收盘价，但没有低于最低价
杀跌	指在股市下跌过程中抛售股票，使股价继续下跌
散户	单笔成交小于 10 万元的投资者
庄家	股市中，资金实力很强，且具有深层背景关系的炒作者
仓位	投资者持有股票的成本与投入总资金的比例关系
满仓	将投入资金的 90% 用于买入股票
半仓	将投入资金的 50% 用于买入股票
补仓	在后市看好的情况下，在现有持股的基础上再次购买该只股票
大盘股	一般指股本比较大，权重也大的股票，俗称大象
中小盘股	一般指股本比较小，权重也小的股票
吃货	指庄家在低价时暗中买进股票
出货	指庄家在高价时悄悄卖出股票
底部	股价长期趋势线的最低部分

续表

术　　语	说　　明
跌破	股价冲过关卡向下突破成为跌破
多杀多	买入股票后又立即卖出股票的做法称为多杀多
反弹	在股市上，股价呈不断下跌趋势，终因股价下跌速度过快而反转回升到某一价位的调整现象
牛市	指市场行情普遍上涨且延续时间较长的大升市
熊市	指市场行情普遍看跌且持续时间较长的大跌市

6.2 新股中签，风险更低

想要进行低风险股票投资，打新股绝对是投资者不可错过的一个买卖途径。因为通常新股开盘价都高于发行价，而且在牛市中，有的新股还能接连拉出十几、二十几个涨停，可以使投资者快速获利。

1 什么是打新股

前面我们介绍了什么是打新债，实际上打新股与打新债类似，都是购买还没上市的股票，即投资者参与新股申购。如果中签成功就可以买到即将上市的新股，在新股上市之后就可以在二级市场卖出，赚取差价。

新股申购是股市中风险较低且收益相对较高的投资方式，主要有以下三个特点：

收益较高。通常一只新股上市后较大概率是会上涨的，因为新股首日上市涨跌幅限制要求，使得单日涨幅基本在40%左右，等于四个涨停板。

门槛较低。根据新规，打新股不用缴纳申购款，提前冻结账户资金，而是在中签之后再缴费，投资门槛大幅降低。

投资成本较低。投资者参与新股申购是没有佣金、过户费和印花税等费用的，也就是说，投资者卖出新股赚得的差价都是自己的收益。

但是投资者想要获得打新股的资格，必须要满足下列要求：

①投资者股票账户中必须买一些股票作为底仓，具体要求为：申购日前20个交易日，平均股票市值在1万元以上。也就是说，投资者如果有1万元以上沪市股票市值就可以申购沪市新股；投资者如果有1万元以上深市股票市值，就可以申购深市新股。

②姓名、身份证号相同的所有账户（含融资融券账户）合并计算T-2日市值。

③沪市规定每一申购单位为1 000股，申购数量不少于1 000股，超过1 000股的必须是1 000股的整数倍；深市规定每一申购单位为500股，申购数量不少于500股，超过500股的必须是500股的整数倍，且不能超过发行公告中所规定的申购数量上限，否则视为无效申购。

④有市值的账户才能申购，沪市在普通或信用账户申购，深市在普通或信用账户申购，只有第一次下单有效（按发行价买入）且不能撤销。

⑤申购时间：沪市9:30—11:30，13:00—15:00；深市9:15—11:30，13:00—15:00。

⑥按规定，投资者连续12个月累计3次中签后不缴款，6个月内不能再参与打新。

投资者参与新股申购时要明确三个时间点：T日，新股申购日，投资者申购新股；T+2 日公布中签率和中签号；T+3 日中签缴费。

也就是说，在新股申购的第二天通常会公布中签配号，如果投资者中签，通常会收到券商的短信提醒，投资者也可以自己在网上查询中签配号。此时，投资者需要了解的是中签之后需要交多少钱？新股申购费用计算公式如下：

新股申购费用 = 中签股数 × 新股发行价格

例如，投资者中签的是沪市新股，中 1 签为 1 000 股，如果新股发行价为 20 元 / 股，那么投资者则需要缴纳 20 000 元（1 000×20）。

中签缴款无须手动缴费，只要账户内有钱就会自动扣款。投资者需要保证在缴款日（T+3 日）16:00 前，股票账户内有足够的可用金额。缴款后一般过 8 ～ 14 天股票就可以上市交易，投资者就能卖出锁定利润了。

2 想办法提高打新股中签率

虽然打新股属于随机事件，能不能打到新股通常看投资者的运气，但投资者可以想办法提高打新股的中签概率。想要提高自己的中签率可以从以下几个方面入手：

沪市和深市双管齐下。我们知道股票账户中必须买一些股票作为底仓，才能够申购新股，所以投资者可以同时买入并持有沪市和深市的股票。这样一来，投资者就可以申购两个市场中的新股。

增大打新市值。根据新股申购的规则可以看到新股申购中签与股票市值直接相关，股票市值越多，申购的股数也就越多，配送的号码也就越多，中签的概率自然也就越大。例如投资者原先为 1 万元市值，如果增加到 5 万元市值，这样就比之前打新提高了 5 倍中签率。

集中资金更容易成功。如果有多只新股同时发行，此时投资者应该选择一只新股全仓出击，这样比分散资金多只尝试中签率更高。资金较少的投资者应考虑大盘股，因为大盘股的中签率高于小盘股。

首选冷门股回避热门股。如果多只新股同时发行，投资者应该优先考虑冷门的新股，避开先发股，再集中资金打后发股。因为市场上普遍的投资者都会在第一和第二的新股中申购，到后发股时，很多资金已经用完了，所以此时申购新股的中签率更高。

尽量配送深圳市值。A 股市场的沪深两市的打新市值是分开计算的，沪市市值是 1 万元为一个单位，而深市市值是 5 000 元为一个单位。同样的股票市值配送深圳股中签概率大，因为同等市值配送深圳单位比上海单位多一倍，单位越多，号码越多，中签概率越大。

另外，申购新股时要注意以下三点：

①每个账户申购同一只新股时只能申购一次，但不包括基金和可转债。如果投资者重复申购，则只有第一次申购属于有效申购。

②申购新股的委托不能撤单，新股申购期间内不能撤销指定交易。

③发生透支申购（即申购总额超过结算备付金余额）的情况，则透支部分确认为无效申购，不予配号。

另外，如果投资者直接申购新股比较困难，还可以考虑间接参与打新股，即投资者可以购买专门“打新股”的基金和其他理财产品，来享受新股收益。

最后，新股申购是一个长期的过程，需要投资者长期坚持有新股就申购，才能够有效提高中签的概率。如果投资者只是偶尔产生兴趣，那么自然中签的概率会比较低。

3 新股什么时候卖出获利

中签之后投资者最为关心的就是新股何时卖出获利，即新股的卖出时机。大家都知道通常新股上市后较大概率会出现连续的一字涨停板，但是具体能涨多少没有人能够真正说清，为了锁定利润下面介绍两个卖出时点。

（1）开板当天卖出

开板当天卖出指的是一旦新股上市就静静等待，直到涨停板打开就立即卖出。这是比较稳妥的做法，比较适合保守型的投资者。因为有的新股打开涨停板后就开始直线下落，一蹶不振。图 6-2 所示为久量股份新股上市走势。

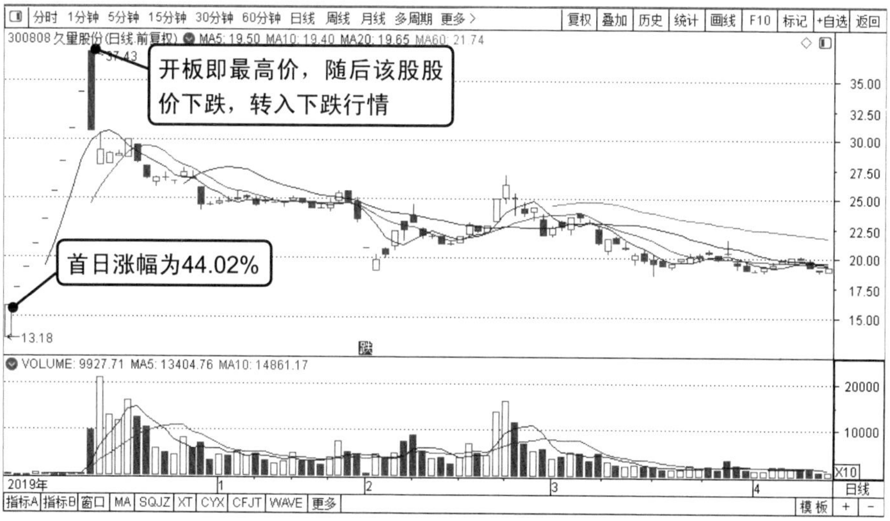

图 6-2　久量股份新股上市走势

从上图可以看到，久量股份新股上市之后，连续拉出 8 个涨停板，紧接着 2019 年 12 月 12 日开盘后涨停板被打开，当日创下最高价 37.43 元，然后放量下跌。

我们进一步查看当日分时走势，如图 6-3 所示。

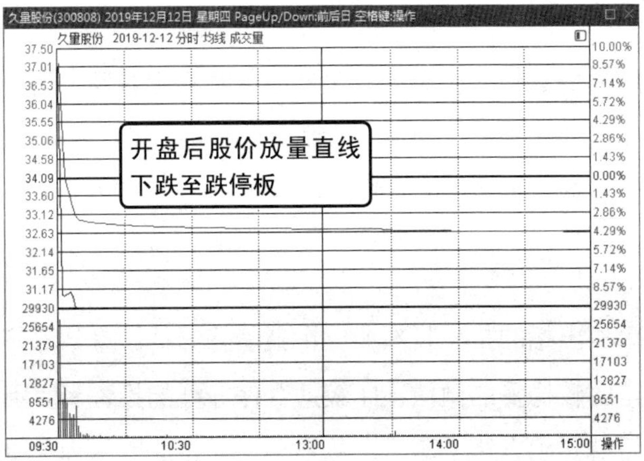

图 6-3 久量股份 2019 年 12 月 12 日分时走势图

从上图可以看到，当日开盘后股价放量直线下跌至跌停板，开盘即最高价 37.43 元，随后全天在跌停板上。根据后市的走势来看，12 月 12 日股价放量下跌收出一根大阴线后，该股转入下跌行情中，并长期表现萎靡。

但如果投资者在开板当天就卖出便可避免这一损失。久量股份上市首日涨幅为 44.02%，经过连续涨停，涨幅超过 180%，投资者短短几天就可以得到高额的收益。

开板当天卖出是一种比较稳妥的方法，可以避免类似上例中开板即下跌的情况。虽然在实际的新股卖出中，开板卖出不是最高价，但此时卖出得到的新股收益幅度也比大部分人的收益高。

如果是科创板新股，则以上市第一天的开盘价卖出，因为科创板上市前五日不设涨跌幅，所以在上市首日找机会卖出大概率会成功。

需要注意的是，科创板有一个“临停”的制度，即盘中交易价格较当日开盘价格上涨或下跌达到或超过 30%、60%，将在盘中临停 10 分钟。停牌时间跨越 14:57 的，在当日 14:57 复牌。因此，有些新股可能开盘后迅速上涨，面临两次临时停牌。对于不满足于开盘价的人来说，选择上市第一天的高点抛出是一个比较稳妥的选择。

（2）二次上攻放量

如果投资者想要获得更高的收益，多赚一点，可以在开板后缩量收跌/收涨，股价二次上攻放量时卖出。图 6-4 所示为华盛昌新股上市走势。

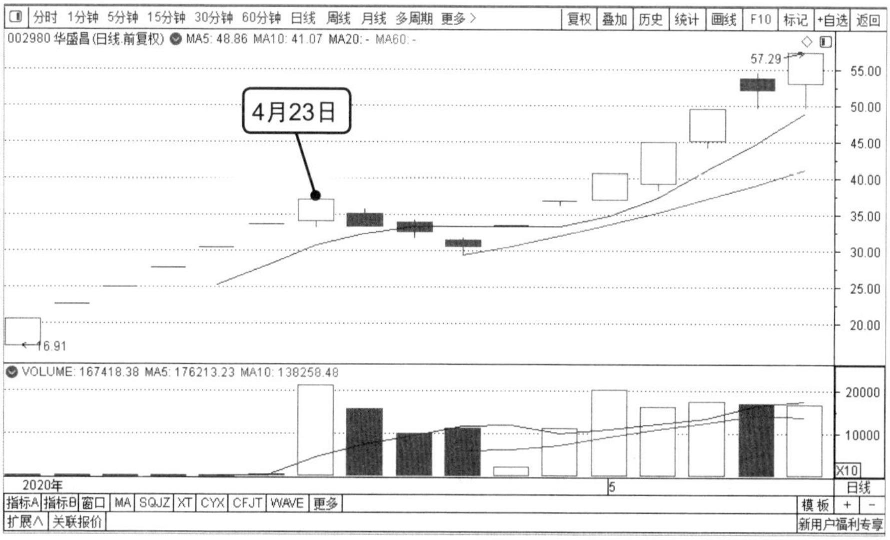

图 6-4　华盛昌新股上市走势

从上图可以看到，华盛昌新股上市之后，连续拉出 5 个涨停板，紧接着在 2020 年 4 月 23 日开盘后涨停板被打开，如果投资者在开盘时卖出，价格为 34.04 元。

如果投资者想要获得更多的收益，可以在当日开盘之后再等一等。图 6-5 所示为华盛昌 2020 年 4 月 23 日的分时走势。

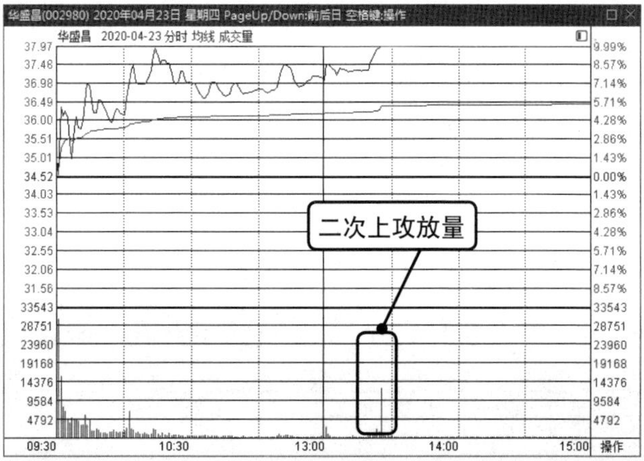

图 6-5　华盛昌 2020 年 4 月 23 日分时走势

从上图可以看到，当日开盘后股价放量上涨至涨停板，随后下跌，但股价始终维持在均价线上方。午盘开始后，13:20 左右，成交量放出巨量，股价二次上冲，此时为投资者卖出的最佳时期。

6.3　降低持股风险的“T+0”回转交易

股票的收益主要通过做多，等股价上涨后抛出获益，但如果投资者持有某股票的较长时间里，该股票有涨有跌，最后回到原来的价格，相当于没涨，说明此次投资是失败的，可见长期持股需慎重。

此时，如果借助“T+0”交易，一笔资金反复多次买卖交易，客观上既规避了长时间持股的风险，也为投资者提供了更多短线获利的机会，降低连续持仓的资金占用，从而提升盈利空间。

1 什么是“T+0”回转交易

我国沪深 A 股清算交割制度实行 T+1 制度，即投资者当天买入的股票不能在当天卖出。在资金使用上，当天卖出股票后的资金可以用来买股票，但提取现金要等到第二天。

T+0 股票回转交易，指投资者就同一个股票在同一个交易日内各完成多次买进和卖出的行为，但保持股数不变，目的是尽可能地高抛低吸赚取差价收益，减少浮亏。

下面以一个具体的例子来说明 T+0 回转交易。

案例故事　**中信特钢（000708）T+0 交易收益计算**

图 6-6 所示为中信特钢 2020 年 5 月至 7 月的 K 线走势。

图 6-6　中信特钢 2020 年 5 月至 7 月的 K 线走势

如果投资者在 6 月 17 日以 17.63 元的收盘价格买入 1 000 股，到 6 月 18 日时止涨出现一定的回落。我们查看当日分时走势，如图 6-7 所示。

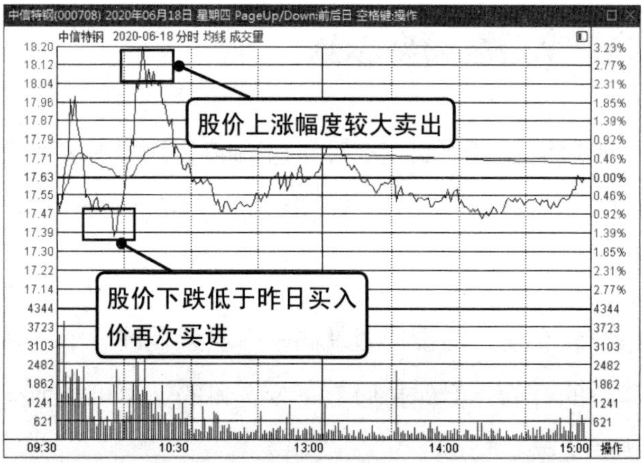

图 6-7　中信特钢 6 月 18 日分时走势

从上图可以看到，股价开盘放量上涨，冲高至 17.96 元附近，随后止涨下跌。当股价低于昨日的买入价时，投资者趁机买进与昨天相同的股数 1 000 股（假设投资者在 17.47 元再次买进 1 000 股），此时投资者手中共 2 000 股。

当股价跌至 17.39 元附近止跌，再次放量直线拉升。当股价涨幅较大时，投资者可以卖出手中持有的昨天买进的 1 000 股（假设投资者在 18.12 元位置卖出 1 000 股）。

在不考虑买进卖出手续费的情况下，计算投资者的收益如下：

6 月 17 日买进成本：17.63×1 000=17 630（元）

6 月 18 日买进成本：17.47×1 000=17 470（元）

6 月 18 日卖出价格：18.12×1 000=18 120（元）

此时，每股成本：（17 630+17 470−18 120）÷1 000=16.98（元）

6 月 18 日卖出 1 000 股成本获益：（18.12−17.47）×1 000=650（元）

如此一来，投资者既实现了当日买入当日获利 650 元，并且拥有的股票股数依然不变，这就是 T+0 回转交易。

总的来说，“T+0”回转交易就是在利用原有股票底仓的基础上，实现 T 日内买卖交易，确保同一股票的股数不变，获取差价收益。

2 顺向“T+0”操作法

根据“T+0”操作的方向可以分为顺向“T+0”操作和逆向“T+0”操作两种。首先介绍顺向“T+0”操作法，顺向“T+0”操作即当日买进某股票后，再当日卖出。顺向“T+0”适合下列三种情况：

①当投资者持有一定数量的股票被套之后，某天该股出现严重超跌或低开，此时投资者可以趁机买进同等数量的同一股票，待该股涨至一定高度后，将被套的同一品种的股票全部卖出，以实现在同一个交易日内低买高卖，降低投资损失，最终解套。在实际的投资过程中，解套往往不是一次完成，它需要通过反复多次的 T+0 操作不断摊低成本，才能够在后期的回升中完成解套。

②当投资者持有一定数量的股票被套后，某天该股表现出明显的上升趋势时，投资者可以乘机买入同等数量的同一股票，待该股涨至一定高度后，将被套的同一品种的股票全部卖出，以实现在同一个交易内平买高卖，获取差价利润。

③当投资者持有的股票没有被套，且出现盈利时，如果投资者认为该股还存在上涨空间，可以操作 T+0。这样可以在大幅涨升的当天通过购买双倍筹码来获取双倍的收益，争取利润的最大化。

下面以一个具体的实例来介绍顺向 T+0 操作解套。

案例故事 **江铃汽车（000550）T+0 顺向解套**

图 6-8 所示为江铃汽车 2019 年 3 月至 9 月的 K 线走势。

从图中可以看到，该股前期表现为上涨行情，4 月初投资者在 26 元位置追涨买进 1 000 股。买进后，股价继续上涨冲高至 32 元附近止涨回调。

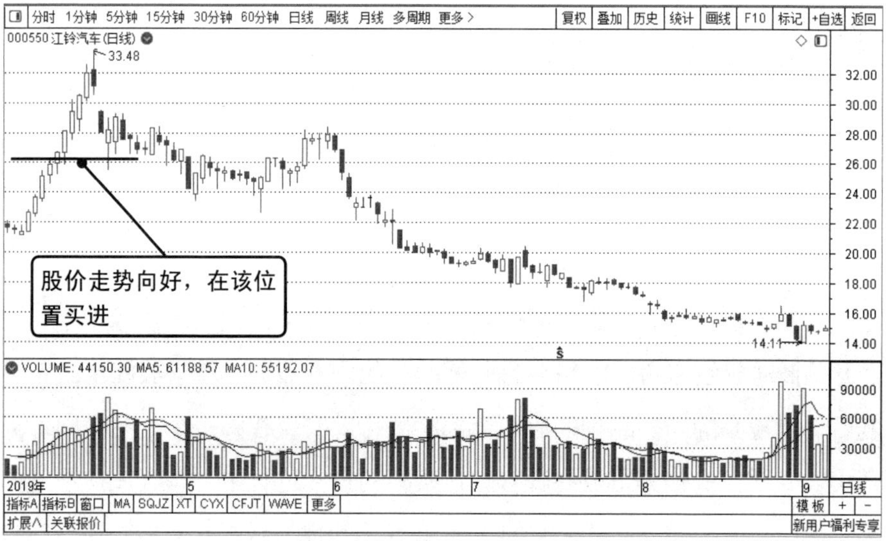

图 6-8　江铃汽车 2019 年 3 月至 9 月的 K 线走势

投资者以为在回调结束后会继续向上拉升，但 6 月初 K 线连续收出多根深幅下跌大阴线，转入下跌行情中，投资者被套。

如果投资者在此位置持股等待后市拉升至 26 元自动解套，可能会面临巨大的经济损失，所以可以考虑 T+0 顺向解套。

6 月 6 日，股价低开低走跌幅较大，此时为投资者的 T+0 操作机会，图 6-9（左）所示为江铃汽车 6 月 6 日分时走势。投资者在 22.2 元位置买进 1 000 股，在 23.7 元位置卖出。

此次 T+0 操作后，投资者的投资成本变化如下：

首次买进成本：26×1 000=26 000（元）

6 月 6 日买进成本：22.2×1 000=22 200（元）

6 月 6 日卖出价格：23.7×1 000=23 700（元）

持股成本为：（26 000+22 200−23 700）÷1 000=24.5（元）

说明经过一次 T+0 的操作后，投资者的投资成本从 26 元 / 股，降至 24.5 元 / 股。

6 月 14 日当日股价开盘即下跌，全天跌幅较深，为 T+0 操作机会，图 6-9

（右）所示为江铃汽车 6 月 14 日分时走势。投资者在 20.6 元位置买进 1 000 股，以 22 元收盘价卖出。

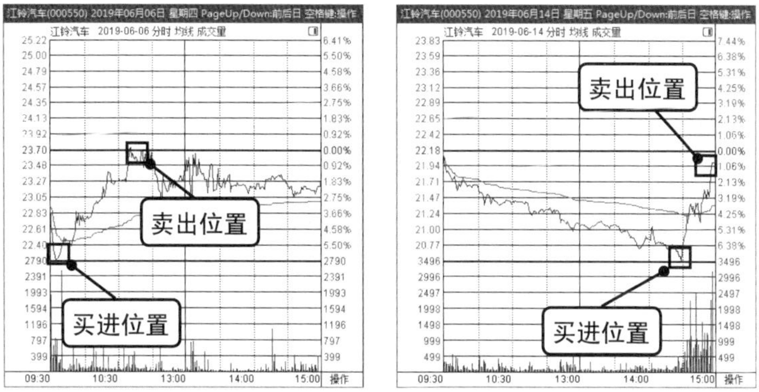

图 6-9　6 月 6 日和 6 月 14 日分时走势

此次 T+0 操作后，投资者的投资成本变化如下：

6 月 14 日买进成本：20.6×1 000=20 600（元）

6 月 14 日卖出价格：22×1 000=22 000（元）

持股成本为：（24 500+20 600−22 000）÷1 000=23.1（元）

说明经过一次 T+0 的操作后，投资者的投资成本从 24.5 元 / 股，降至 23.1 元 / 股。

7 月 4 日当日股价全天走势沉闷，午盘后开始放量下跌，跌幅较深，为 T+0 操作机会，图 6−10（左）所示为江铃汽车 7 月 4 日分时走势。投资者在 18.6 元位置买进 1 000 股，在 18.94 元收盘价附近卖出。

此次 T+0 操作后，投资者的投资成本变化如下：

7 月 4 日买进成本：18.6×1 000=18 600（元）

7 月 4 日卖出价格：18.94×1 000=18 940（元）

持股成本为：（23 100+18 600−18 940）÷1 000=22.76（元）

说明经过一次 T+0 的操作后，投资者的投资成本从 23.1 元 / 股，降至 22.76 元 / 股。

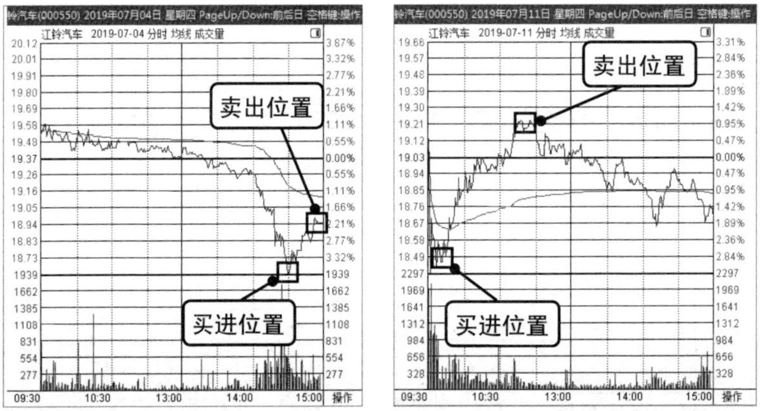

图 6-10　7 月 4 日和 7 月 11 日分时走势

7 月 11 日当日股价开始放量下跌，跌幅较深，为 T+0 操作机会，图 6-10（右）所示为江铃汽车 7 月 11 日分时走势。投资者在 18.49 元位置买进 1 000 股，在 19.21 元位置卖出。

此次 T+0 操作后，投资者的投资成本变化如下：

7 月 11 日买进成本：18.49×1 000=18 490（元）

7 月 11 日卖出价格：19.21×1 000=19 210（元）

持股成本为：（22 760+18 490−19 210）÷1 000=22.04（元）

说明经过一次 T+0 操作后，投资者的投资成本从 22.76 元 / 股，降至 22.04 元 / 股。

7 月 15 日股价大幅低开为 T+0 操作机会，图 6-11（左）所示为江铃汽车 7 月 15 日分时走势。投资者在 17.84 元位置买进 1 000 股，然后在 19.26 元位置卖出。

此次 T+0 操作后，投资者的投资成本变化如下：

7 月 15 日买进成本：17.84×1 000=17 840（元）

7 月 15 日卖出价格：19.26×1 000=19 260（元）

持股成本为：（22 040+17 840−19 260）÷1 000=20.62（元）

说明经过一次 T+0 操作后，投资者的投资成本从 22.04 元 / 股，调整至 20.62 元 / 股。

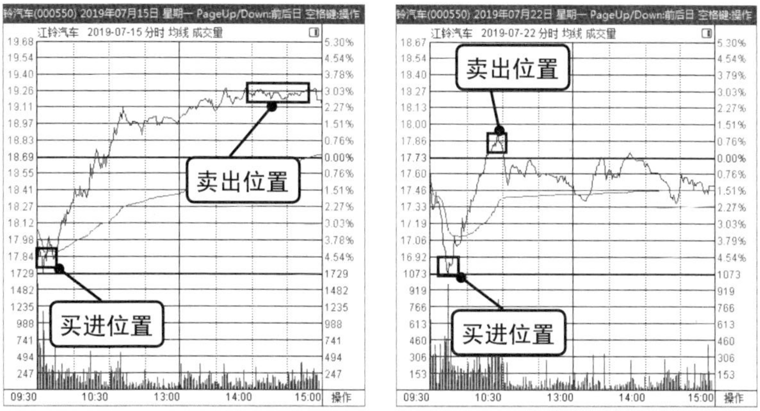

图 6-11　7 月 15 日和 7 月 22 日分时走势

7 月 22 日，股价开盘即放量巨幅下跌，为 T+0 操作机会，图 6-11（右）所示为江铃汽车 7 月 22 日分时走势。投资者在 16.8 元位置买进 1 000 股，以 17.82 元卖出。

此次 T+0 操作后，投资者的投资成本变化如下：

7 月 22 日买进成本：16.8×1 000=16 800（元）

7 月 22 日卖出价格：17.82×1 000=17 820（元）

持股成本为：（20 620+16 800−17 820）÷1 000=19.6（元）

说明经过一次 T+0 操作后，投资者的投资成本从 20.62 元 / 股，降至 19.6 元 / 股。

7 月 25 日，股价开盘后放量巨幅下跌，为 T+0 操作机会，图 6-12（左）所示为江铃汽车 7 月 25 日分时走势。投资者在 17.59 元位置买进 1 000 股，以 18.33 元卖出。

此次 T+0 操作后，投资者的投资成本变化如下：

7 月 22 日买进成本：17.59×1 000=17 590（元）

7 月 22 日卖出价格：18.33×1 000=18 330（元）

持股成本为：（19 600+17 590−18 330）÷1 000=18.86（元）

说明经过一次 T+0 操作后，投资者的投资成本从 19.6 元 / 股，降至 18.86 元 / 股。

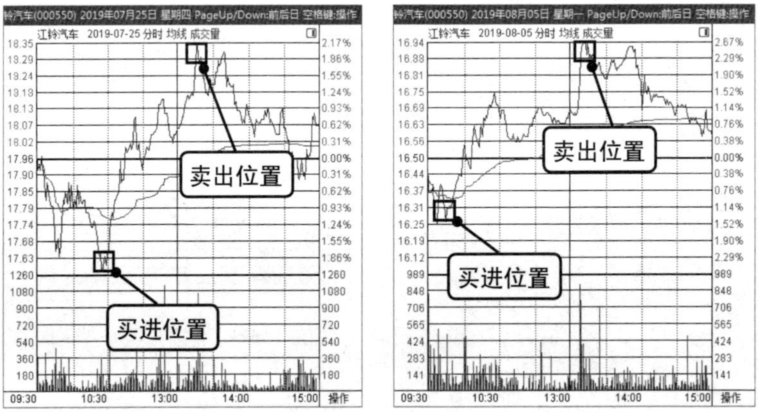

图 6-12　7 月 25 日和 8 月 5 日分时走势

8 月 5 日，股价大幅低开，为 T+0 操作机会，图 6-12（右）所示为江铃汽车 8 月 5 日分时走势。投资者在 16.25 元位置买进 1 000 股，以 16.9 元卖出。

此次 T+0 操作后，投资者的投资成本变化如下：

8 月 5 日买进成本：16.25×1 000=16 250（元）

8 月 5 日卖出价格：16.9×1 000=16 900（元）

持股成本为：（18 860+16 250−16 900）÷1 000=18.21（元）

说明经过一次 T+0 操作后，投资者的投资成本从 18.86 元 / 股，降至 18.21 元 / 股。

此时查看 K 线走势发现，股价止跌在 16 元价位线横盘运行，K 线收出十几根阴阳相间的小 K 线，有反弹迹象。如果股价反弹回升超过 18.21 元，投资者就可以解套成功。

图 6-13 所示为江铃汽车 2019 年 7 月至 2020 年 1 月的 K 线走势。

从图中可以看到，9 月初该股小幅反弹至最高 19 元，投资者在此位置卖出可以成功解套，每股还可以获得 0.79 元（19−18.21）的获利。

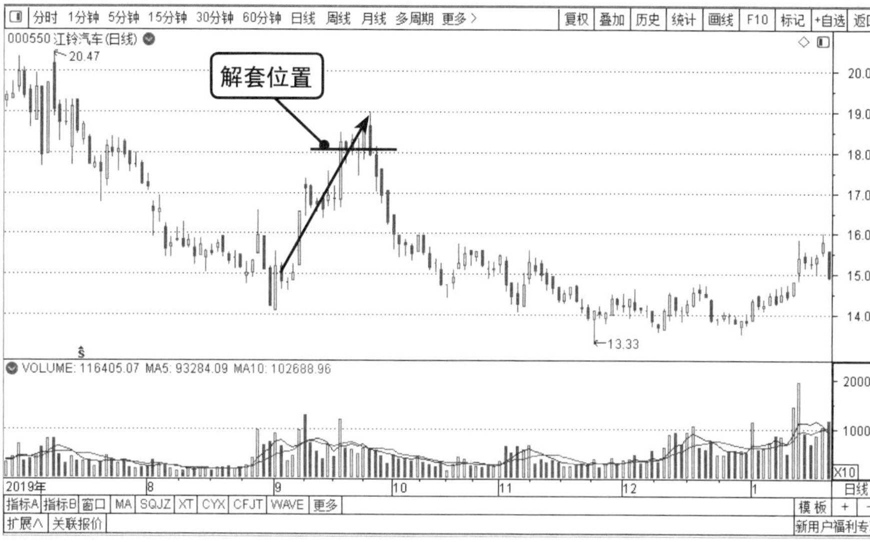

图 6-13　江铃汽车 2019 年 7 月至 2020 年 1 月的 K 线走势

本案例为比较完整的一次顺向 T+0 解套，如果投资者不利用顺向 T+0 方法解套，那么将长期被深套在 26 元位置。从该股后市的走势来看，近一年的走势也没有再次回到 26 元位置。

3 逆向“T+0”操作法

逆向“T+0”操作法与顺向“T+0”操作法类似，都是利用手中的筹码实现盘中交易，二者唯一的区别在于，顺向“T+0”操作法是先买后卖，而逆向“T+0”操作法是先卖后买。

由此可以看出，顺向“T+0”操作法需要投资者手中持有部分现金，不能全仓操作，如果投资者满仓操作则不能实现。但是逆向“T+0”操作法则不同，不需要投资者持有现金，即便投资者满仓被套也可以交易。

逆向“T+0”适合的场景有以下三个：

①当投资者持有一定数量的股票被套后，某天该股受到突发利好消息的刺激，股价大幅高开或急速上涨。投资者可以趁此机会，卖出手中被套的筹码，待股价止涨回落后，将原来被套的同一品种股票全部买进。这样在同一个交易日内通过高卖低买获取差价利润。

②当投资者持有一定数量的股票被套后，虽然该股没有出现利好高开的走势，但是该股在盘中表现出明显的下跌趋势。投资者可以趁此机会，卖出手中被套的筹码，然后在更低的价位买进同等数量的同一股票，通过在一个交易内平卖低买获取差价利润。需要注意的是，这一方法比较适合盘中短期具有下跌趋势的个股。如果是下跌空间较大，长期下跌趋势明显的个股则仍然以止损为主。

③如果投资者持有的股票并没有被套牢，且处于盈利过程中，如果股价在行情中拉升过快，可能会出现正常的回落。此时投资者可以趁着上冲过急时卖出手中的筹码获利，待股价恢复下跌时再买回。通过这样的“T+0”操作，可以为投资者争取到更多的利润空间。

下面以一个具体的例子来介绍逆向“T+0”解套。

案例故事 **襄阳轴承（000678）T+0 逆向解套**

图 6-14 所示为襄阳轴承 2019 年 3 月至 9 月的 K 线走势。

从图中可以看到，该股前期表现上涨行情，涨势猛烈。4 月初投资者在 10 元位置追涨买进 1 000 股。买进后，股价继续上涨至 11 元附近后止涨横盘。投资者认为在横盘整理后将继续向上攀升，但 4 月下旬 K 线连续收出多根深幅下跌大阴线打破了投资者的幻想。该股转入下跌行情中，投资者被套。

如果投资者在此位置持股等待后市拉升至 10 元自动解套，可能会面临巨大的经济损失。所以可以考虑 T+0 逆向解套。

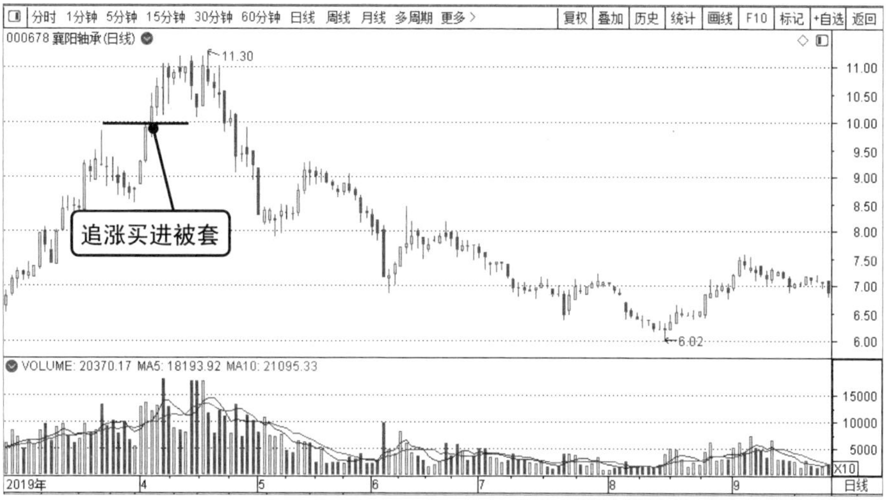

图 6-14　襄阳轴承 2019 年 3 月至 9 月的 K 线走势

5 月 10 日，股价开盘放量拉升涨幅较大，此时为投资者的 T+0 逆向操作机会，图 6-15（左）所示为襄阳轴承 5 月 10 日分时走势。投资者在 8.46 元位置卖出 1 000 股，在 7.98 元位置买进 1 000 股。

此次 T+0 操作后，投资者的投资成本变化如下：

首次买进成本：10×1 000=10 000（元）

5 月 10 日卖出价格：8.46×1 000=8 460（元）

5 月 10 日买进价格：7.98×1 000=7 980（元）

持股成本为：（10 000−8 460+7 980）÷1 000=9.52（元）

说明经过一次 T+0 操作后，投资者的投资成本从 10 元 / 股，降至 9.52 元 / 股。

5 月 17 日，股价开盘即放量拉升，不久后止涨下跌表现出明显的下跌趋势，此时为投资者的 T+0 逆向操作机会，图 6-15（右）所示为襄阳轴承 5 月 17 日分时走势。投资者在 9.24 元位置卖出 1 000 股，在 8.86 元位置买进 1 000 股。

此次 T+0 操作后，投资者的投资成本变化如下：

5 月 17 日卖出价格：9.24×1 000=9 240（元）

5 月 17 日买进价格：8.86×1 000=8 860（元）

持股成本为：（9 520−9 240+8 860）÷1 000=9.14（元）

说明经过一次 T+0 操作后，投资者的投资成本从 9.52 元 / 股，降至 9.14 元 / 股。

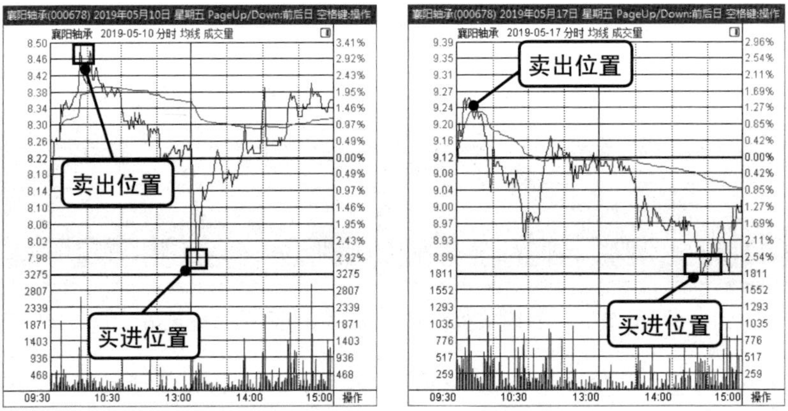

图 6-15　5 月 10 日和 5 月 17 日分时走势

结合襄阳轴承的日 K 线走势可以发现该股正在 9 元价位线上横盘波动运行。投资者只需要关注股价走势，一旦股价上涨至 9.14 元就可以卖出解套。5 月 21 日，该股开盘后股价放量下跌，进入早盘后止跌回升，股价最高上冲至 9.15 元，此时为投资者解套机会。图 6−16 所示为 5 月 21 日分时走势。

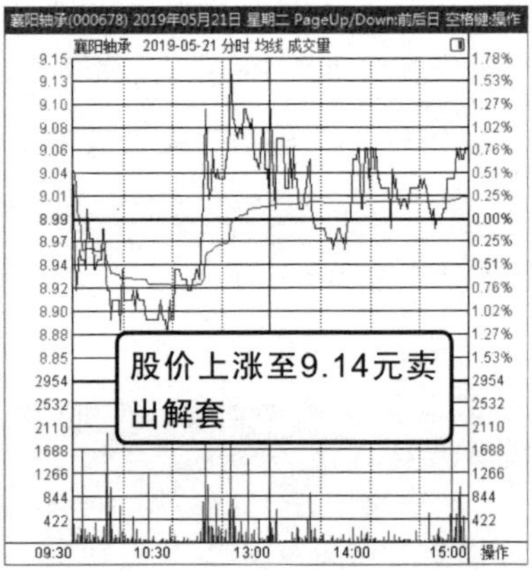

图 6-16　5 月 21 日分时走势

通过该股后市走势来看，如果投资者没有通过 T+0 逆向解套，而是持有等待反弹回升自动解套，则会陷入更加深度的被套中。

4 T+0 操盘遵循交易原则

投资者在利用 T+0 做交易操作时要遵循相关的交易原则，否则 T+0 交易不仅不会降低投资者的持股风险，还可能加重投资者的经济损失。T+0 交易的原则主要有以下五项：

（1）T+0 的交易机会都在盘中

投资者需要注意的是，T+0 交易机会都在盘中，不能持股过夜。首先 T+0 的回转交易本身就是在 T 日内完成，如果持股过夜，第二天低开或高开都有可能引起变化。例如在震荡行情中，当日 T+0 的操作是先买后卖顺向交易，但投资者没能在当日卖出，持股过夜后，第二日行情变化，投资者可能无法完成当日的获利。

（2）避开熊市行情

T+0 交易虽然可以通过短线操作提高投资者的收益并降低一定程度的持股风险，但如果行情本身处于熊市，那么投资者的操作风险会增大。因此，面对这一类的行情走势，投资者要尽量避开。

（3）涨跌幅度大更容易获利

T+0 交易要求投资者在当天完成买进卖出或是卖出买进操作，这就要求当日股价有一定的涨跌幅度。如果当日股价比较平稳，那么 T+0 也就失去了意义。因此，投资者在操作时，需要关注大幅低开 / 高开，或是出现明显下跌 / 上涨行情的 T 日。

（4）“T+0”回转交易保持股数恒定

“T+0”回转交易中投资者要注意保持股票数量的恒定，如果投资者买进股票后舍不得卖出，或者是卖出获利后不及时买回来，就不是“T+0”交易了，而属于加仓或减仓。加仓或减仓虽然可能会放大投资者的收益，但也会增加投资者的持股风险。

（5）震荡行情更适合 T+0

如果股市行情处于单边上扬或是单边下跌时就尽量不要操作，因为此时操作反而容易增大投资者的持股风险。例如在单边上扬的行情中，投资者做逆向 T+0，投资者卖出股票后可能会发生，股价并未回落，而是稳定上涨的情况，这就缩小了投资者的获利空间。

投资者只有严格遵循 T+0 回转交易中的相关原则 ，才能利用 T+0 交易获利。

6.4 应用技术指标帮助分析

股市投资最大的风险来自对后市股价走势的研判，如果研判失误就容易出现被套风险，遭受经济损失。因此，为了提高后市行情评估的准确性，预估后市走向，我们应该应用技术指标帮助分析。

技术指标是指在股市技术分析过程中，依据一定的数理统计方法，运用一些复杂的计算公式，来判断汇率走势的量化分析方法。下面我们来看看具体介绍。

❶ 趋向性指标——移动平均线（MA）

移动平均线，英文 Moving Average，简称 MA，是用统计分析的方法，将一定时期内的股票价格加以平均，并把不同时间的平均值连接起来，形成一根 MA，是用来观察证券价格变动趋势的一种技术指标。图 6-17 所示为移动平均线。

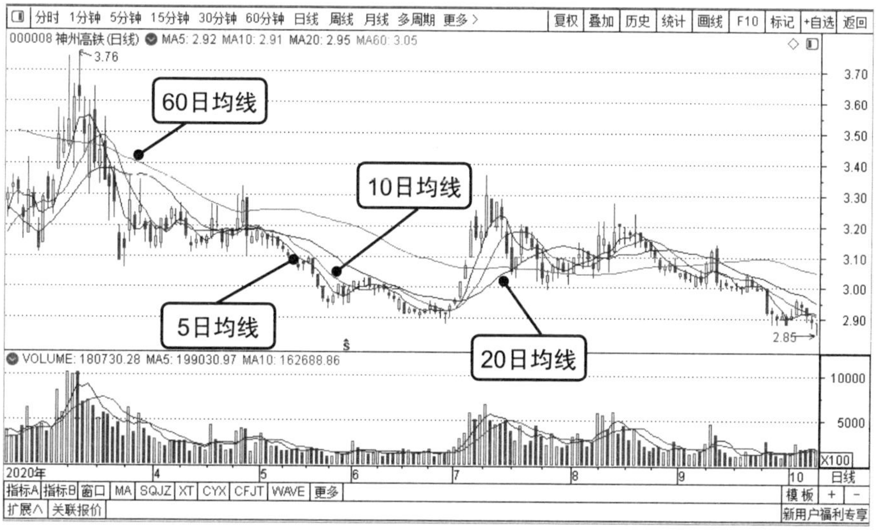

图 6-17　移动平均线

从图 6-7 可以看到，移动平均线有多根，包括 5 日均线、10 日均线、20 日均线和 60 日均线。这是因为根据不同的时间周期，均线分成了不同的类型，包括三类：短期均线、中期均线和长期均线。

短期均线。短期均线是按照移动时间区间较短这个原则设定和计算出来的，通常周期在 10 日以下，即包括 3 日均线、5 日均线和 10 日均线等，在实际应用中短期均线应用更多的是 5 日均线。

中期均线。中期均线是按照移动时间区间中长这个原则设定和计算出来的，通常周期在 60 日以下，即包括 20 日均线、30 日均线和 60 日均线等，在实际应用中中期均线应用更多的是 20 日和 30 日均线。

长期均线。长期均线是按照移动时间区间较长这个原则设定和计算出来的，通常是指周期在 100 日以上的均线，即包括 120 日均线、150 日均线和 240 日均线等，在实际应用中长期均线应用更多的是 120 日均线。

移动平均线是技术指标中应用最为广泛，也是最受欢迎的技术指标之一，具有以下三个突出特点：

①均线反映出了股价的运行趋势，因此观察均线可以研判后市股价的运动方向，以便跟踪股价的运行趋势，也就是常说的“上升趋势”和“下降趋势”。

②均线对股价有助涨助跌性，牛市行情中均线呈多头排列，股价被均线支撑向上运行，此时均线是股价的支撑线，对股价起到助涨作用；熊市行情中均线呈空头排列，股价被均线压制着向下运行，此时均线是股价的压力线，对股价起到压制作用，如图 6-18 所示。

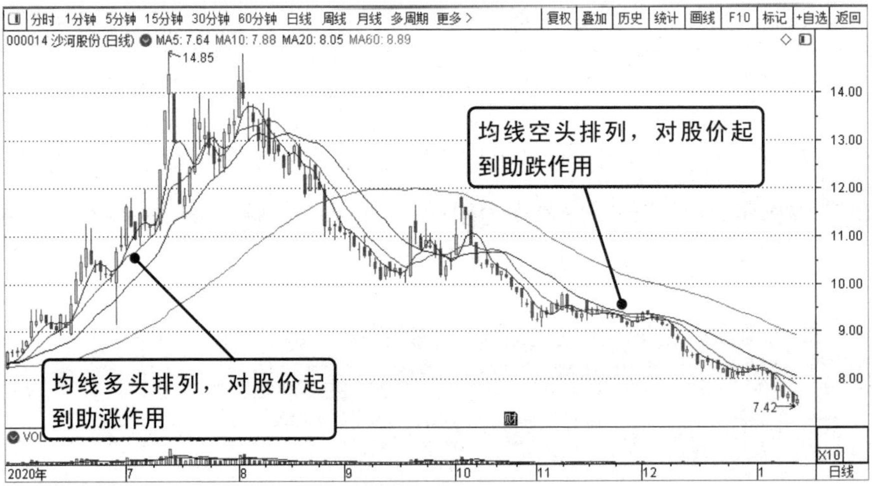

图 6-18　均线的助涨助跌性

③均线的变动不是一天的变动，而是几天或几十天的变动，因此如果股价某一天出现比较大的行情波动会被分摊下来，波动幅度就会减小甚至不显示。这就使得均线具有一定的稳定性，行情反应具有滞后性，均线周期越长这一特点越明显。

均线在运行过程中主要形成以下三种形态：

（1）黏合形态

黏合形态是指多根均线彼此纠缠黏合，波动幅度较小，此时股价波动空间收窄。均线黏合区域是股价的支撑位，一旦被有效突破则说明平衡被打破，涨势在即，如图 6-19 所示。

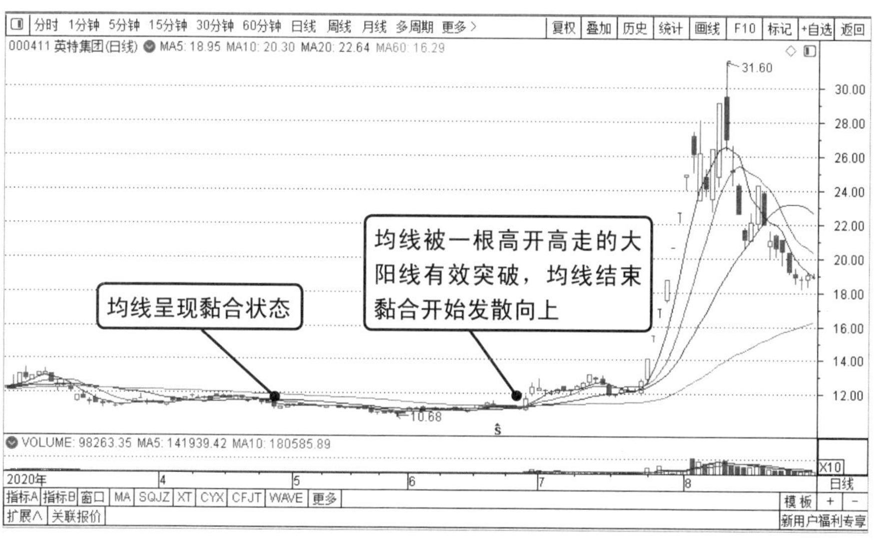

图 6-19　均线黏合形态

（2）黄金交叉与死亡交叉

当 K 线有效突破或跌破压力位置或支撑位置时，短期均线会出现明显的拐头迹象，而中长期均线因为存在滞后性所以反应较慢，依然维持前期的运行方式，所以短期均线与中长期均线形成交叉。

黄金交叉指短期均线由下向上突破中期均线或长期均线，形成的交叉；死亡交叉指短期均线由上向下突破中期均线或长期均线形成的交叉，图 6-20 为黄金交叉与死亡交叉。

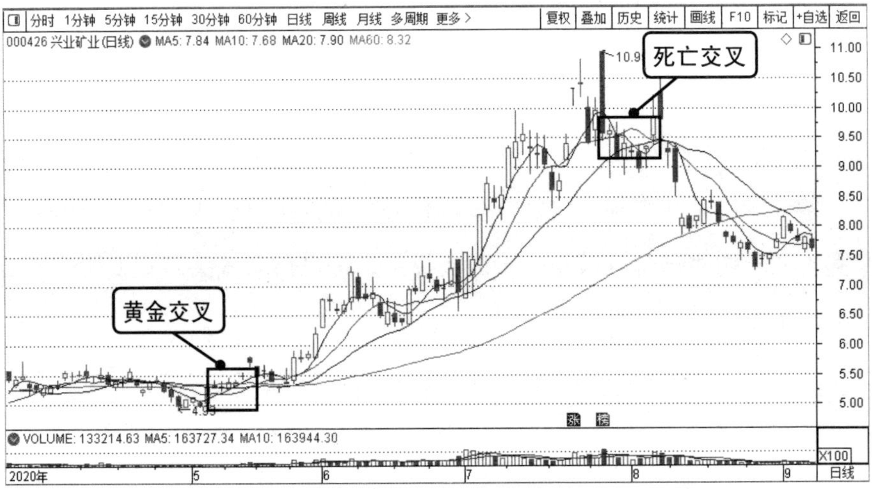

图 6-20 黄金交叉与死亡交叉

（3）发散形态

发散形态说明价格已经形成了向上或向下的趋势，均线发散开来向上或向下运行。投资者可以根据当前趋势加仓或减仓。

理财贴士 均线多头排列和空头排列

均线排列分为多头排列和空头排列，多头排列指均线按照时间周期的长短，从长到短由下向上排列，例如 60 日均线→ 20 日均线→ 10 日均线→ 5 日均线；空头排列指均线按照时间周期的长短，从短到长由下向上排列，例如 5 日均线→ 10 日均线→ 20 日均线→ 60 日均线。

均线多头排列是市场强势的特征，此时看涨做多；均线空头排列是市场弱势的特征，此时看跌做空。

2 震荡指标——随机指标 KDJ

KDJ 指标，中文名为随机指标，它是以最高价、最低价及收盘价为基础数据进行计算，得出的 K 值、D 值和 J 值分别在指标的坐标上形成的一个点，连接无数个这样的点位，就形成了一个完整的、能反映价格波动趋势的 KDJ 指标。它是利用价格波动的真实波幅来反映价格走势的强弱和超买超卖现象，在价格尚未上升或下降之前发出买卖信号的一种技术工具。图 6-21 所示为 KDJ 指标。

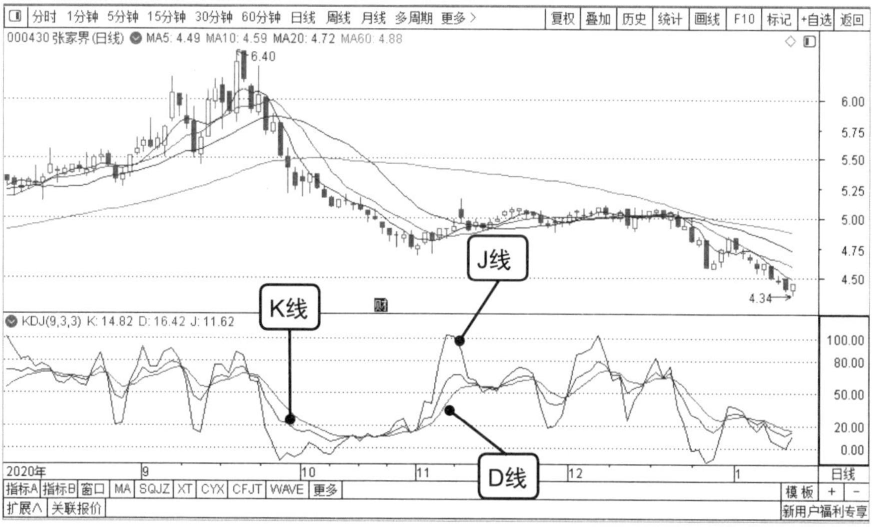

图 6-21　KDJ 指标

从图 6-21 可以看到，KDJ 指标由 K 线快速指标、D 线慢速指标和 J 线组成，三条曲线各带一个参数，表示指标的周期。

KDJ 指标的参数代表了其对股价反应的灵敏程度，一般的炒股软件默认采用 9，3，3。对于 K 线的参数常见的有 5、9、19、39 等。对于超短线股民来说，K 线一般采用 5 作为参数，可以快速捕捉重要信息。

KDJ 中的 3 条曲线其意义如下所示。

K 线是快速确认线，数值在 90 以上为超买，数值在 10 以下为超卖。

D 线是慢速主干线，数值在 80 以上为超买，数值在 20 以下为超卖。

J 线为方向敏感线，当 J 值大于 90，特别是连续 5 天以上，股价至少会形成短期头部；反之 J 值小于 10 时，特别是连续数天以上，股价至少会形成短期底部。

在 KDJ 指标中，根据 KDJ 的取值大小可以将其划分成为 3 个区域，即超买区、超卖区和徘徊区。通常 K、D、J 这三值在 20 以下为超卖区，是买入信号；K、D、J 这三值在 80 以上为超买区，是卖出信号；K、D、J 这三值在 20 ～ 80 为徘徊区。图 6-22 所示为 KDJ 取值区域。

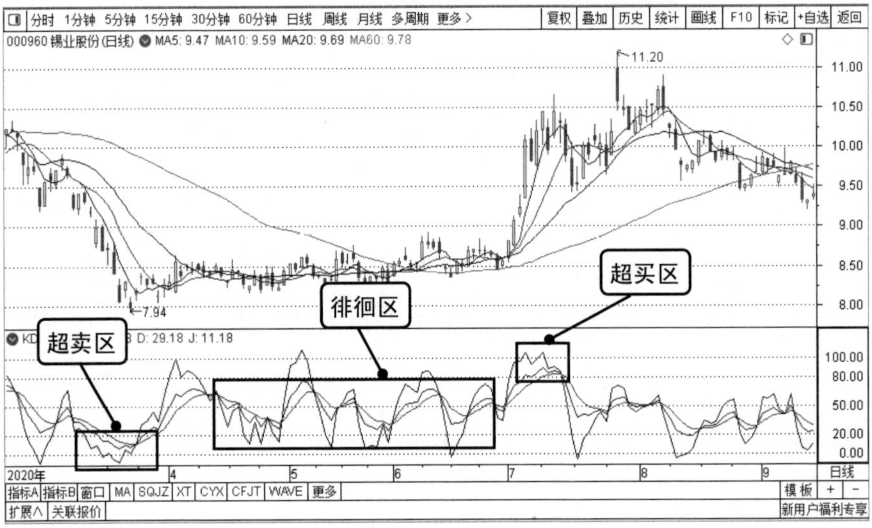

图 6-22　KDJ 取值区域

此外，当 KDJ 指标与 K 线图的走势呈现相反的趋势，为可靠的指示信号，代表行情可能即将出现反转。图 6-23 所示为 KDJ 与 K 线底背离。

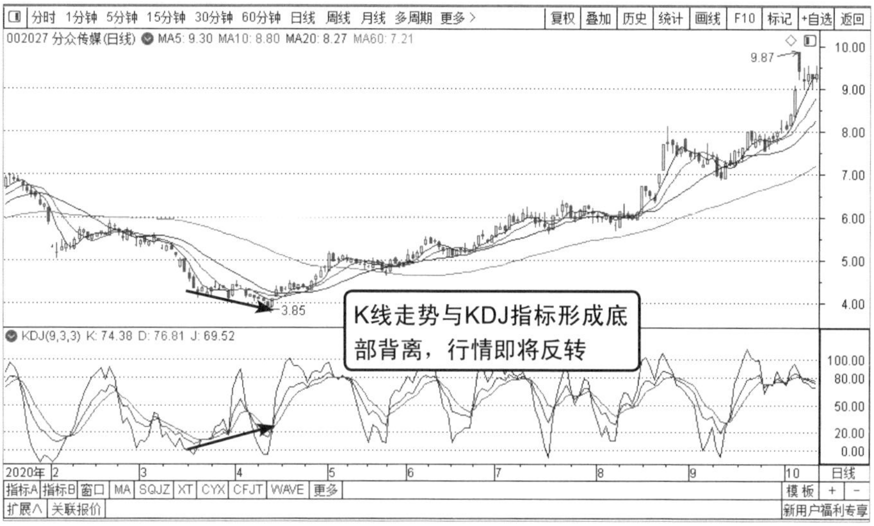

图 6-23　KDJ 与 K 线底背离

从上图可以看到，股价前期表现下跌走势，股价跌至 4.5 元附近跌势渐缓，但整体仍呈下跌。此时，观察 KDJ 指标三条曲线发现重心不断上移，与 K 线形成底部背离，说明股价此轮下跌即将结束，后市行情即将反转。

3 指标之王——异同移动平均线 MACD

MACD 指标即异同移动平均线，是由双指数移动平均线发展而来。MACD 指标由快的指数移动平均线（EMA12）减去慢的指数移动平均线（EMA26）得到快线 DIF，再用 2×（快线 DIF−DIF 的 9 日加权移动均线 DEA）得到 MACD 柱。

因此，MACD 指标主要由两线一柱组成，分别为快线 DIF、慢线 DEA 和柱状线 MACD。两线一柱在同行情下会形成不同的走势，反映出不同的投资信号。图 6-24 所示为 MACD 指标。

图 6-24　MACD 指标

其中快线 DIF、慢线 DEA 和柱状线 MACD 的意义分别如下：

DIF 是指 12 日的指数平均数与 26 日指数平均数的差值。我国早期股市中一周有 6 个交易日，两周则为 12 个交易日，一个月则为 26 个交易日。因为 DIF 取值间隔时间较短，图形波动比较快，所以又称为快线。

DEA 是在 DIF 的基础上运用 EMA 的算法得到的结果，因其取值的间隔时间稍长，图形波动较为平缓，所以称为慢线。

MACD 柱状线是根据 DIF 减去 DEA 的差值再乘以 2 得到的数值绘制而成的。在行情软件中以柱状线的形式显示，处于 0 轴上方为红色柱状线，说明此时市场中多头占据优势；处于 0 轴下方为绿色柱状线，说明此时市场内空头占据优势。

MACD 指标在实际操盘中是最常见也是使用最多的指标之一，使用时主要围绕 DIF 和 DEA 线及红、绿柱状线（MACD 柱状线）和它们的形态展开。具体运用包括以下三点：

（1）MACD 金叉和死叉

MACD 指标中也存在金叉和死叉，当 DIF 线由下向上突破 DEA 线，形成的交叉为金叉，为买入信号；当 DIF 线由上向下跌破 DEA 线形成的交叉为死叉，为卖出信号。图 6-25 所示为 MACD 金叉和死叉。

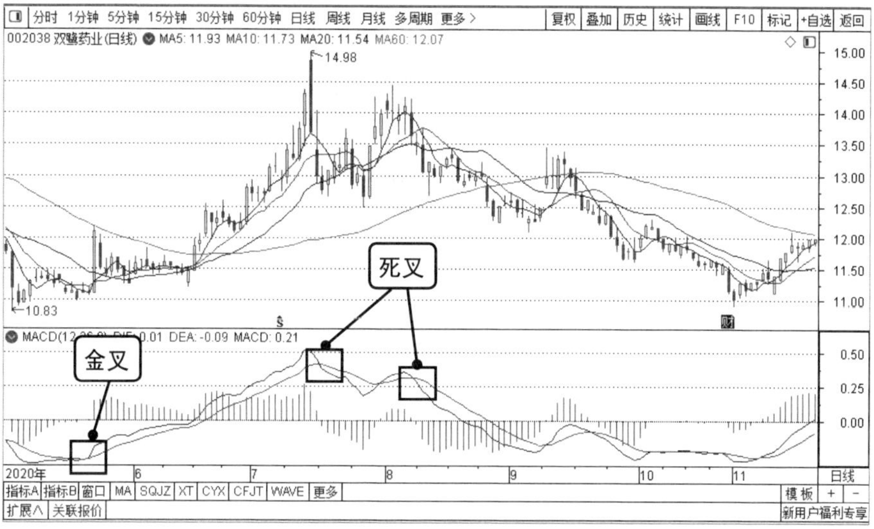

图 6-25　MACD 金叉和死叉

（2）红绿柱线

MACD 柱线由绿转红，MACD 值由负变正，表明市场由弱势转为强势；MACD 由红转绿，MACD 值由正变负，表明市场由强势转为弱势。

（3）DIF 与 DEA 的正负值

DIF 与 DEA 均为正值，即都在零轴线以上时，大势属于多头市场；DIF 与 DEA 均为负值，即都在零轴线以下时，大势属于空头市场。图 6-26 所示为 DIF 值与 DEA 值变化。

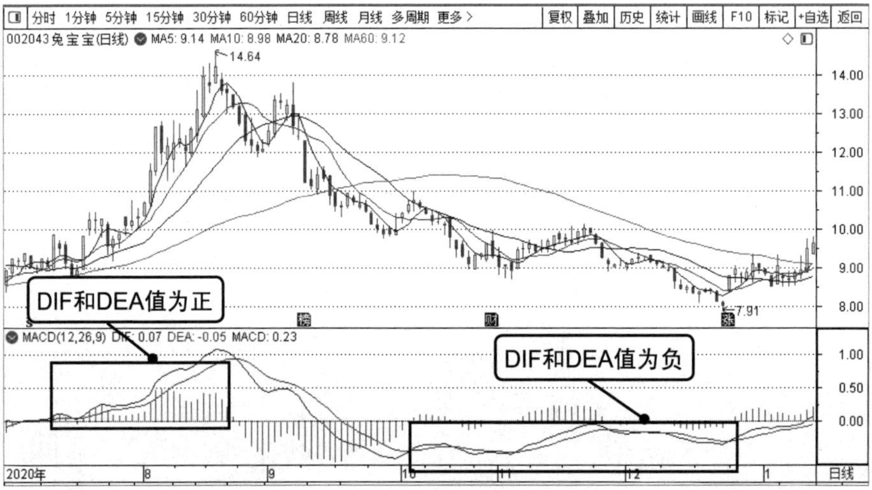

图 6-26　DIF 值与 DEA 值变化

除了前面介绍的内容外，股价与 MACD 指标背离同样具有指示意义，包括底背离和顶背离，与前面介绍的 KDJ 指标背离现象相同，这里不赘述。

4 能量指标——BRAR 指标

BRAR 指标，即能量指标，也称为人气意愿指标。它由两根曲线，即 AR 指标和 BR 指标组成，在一般的炒股软件中都显示在 K 线图的副图区中，默认参数为 26（即 26 日 BRAR）。

AR 指标是通过比较一段周期内的开盘价在该周期价格中的高低，从而反映市场买卖人气的技术指标。而 BR 指标是通过比较一段周期内的收盘价在该周期价格波动中的地位，来反映市场买卖意愿及程度的技术指标。BR 指标是一种情绪指标，以反市场心理为基础，即当市场中大部分投资者涌入购买股票时，投资者应反向操作快速离场；同样，当大部分投资者看淡市场，纷纷离场，投资者应反向操作毅然入场。

BRAR 指标的应用主要从其取值范围入手，具体内容如下：

①当 BR 介于 70 ~ 150，属于盘整行情，如图 6-27 所示。

图 6-27　横盘整理

② AR 介于 80 ~ 120，市场处于盘整阶段，如图 6-28 所示。

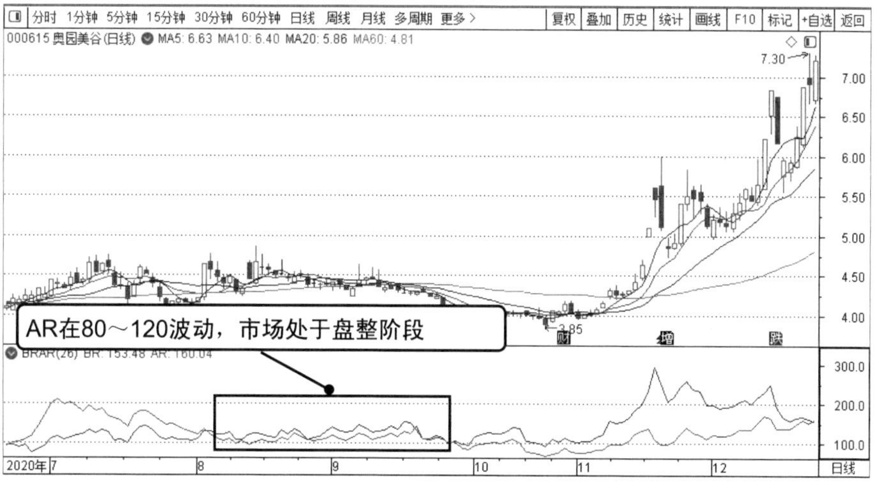

图 6-28　横盘整理

③ BR ＜ 40，说明空方力量强，股价可能反转上涨，应考虑买进，如图 6-29 所示。

图 6-29　BR ＜ 40

④ BR ＞ 400，多方力量强，股价可能反转下跌，应考虑卖出，如图 6-30 所示。

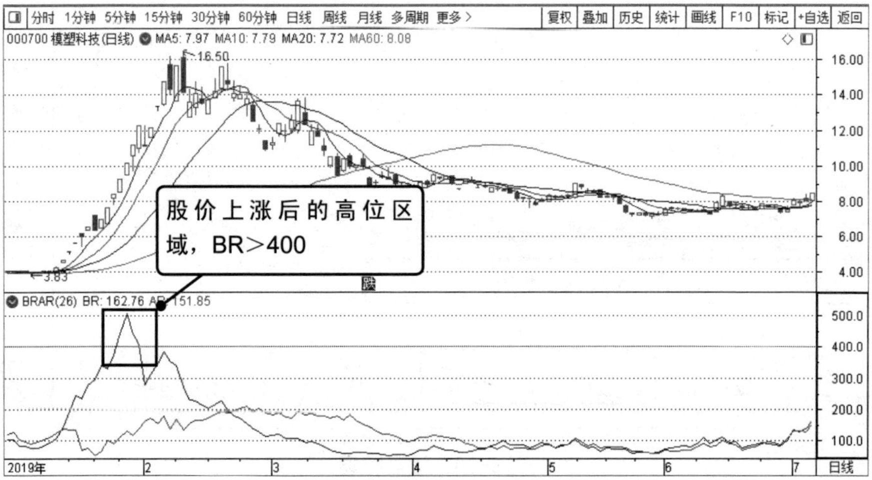

图 6-30　BR ＞ 400

⑤ AR ＜ 60，显示出极低的市场人气，后市可能出现反弹行情，如图 6-31 所示。

图 6-31　AR ＜ 60

⑥ AR ＞ 180，显示出极高的市场人气，行情随时可能反转向下，如图 6-32 所示。

图 6-32　AR ＞ 180

此外，BRAR 指标也存在背离现象，即 AR、BR 指标曲线与股价 K 线走势正好相反。和其他技术指标一样，BRAR 指标的背离也分为顶背离和底背离两种。

顶背离现象一般是价格将高位反转的信号，表明价格短期内即将下跌，是比较强烈的卖出信号。底背离现象一般是价格将低位反转的信号，表明价格短期内即将上涨，是比较强烈的买入信号。

第7章

低风险投资讲究策略

想要低风险投资，获得稳稳的财富，除了在理财工具上花费心思，尽量选择低风险的产品之外，在投资过程中也要讲究一定的策略，才能够降低投资者的投资风险。

7.1 构建投资组合，平衡更安全

组合投资任何时候都是一个比较稳健的投资方法，可以避免自己的资产出现一脚踏空、全部损失的情况。通过构建平衡的投资组合，可以适度分散风险，使投资整体更稳健。

❶ 组合投资应该如何分散

组合投资是由投资者持有的股票债券、金融衍生品等组成的集合。

组合投资实际上也被称为分散投资，指将资产投资在不同的资产类型或不同的理财产品上。组合投资相对单一投资的一个最主要的优势就是，可以在不降低收益的同时降低风险。

组合投资的关键在于资金的分散方法，如果分散不成功，即便将资产投资到不同的理财产品中，也不能真正达到分散风险的目的。分散投资主要从四个方面去展开：

（1）投资对象分散

投资对象分散指展开要将资金分散在不同理财产品类型上，而非同一类理财产品的分散。例如，投资者可以用部分资金投资股票，部分资金购买债券，部分资金购买基金。这样分散开来可以避免某一类理财产品出现问题时影响整体投资。

（2）投资行业分散

投资行业分散指投资者在考虑行业对象时，应避免将资金集中在同一个行业上，而应该将资金分散投资在各类行业中。同时，在购买同一行业的产品时，也应该分散购买不同的企业，避免购买同一家公司的产品。这样可以避免某一行业出现经济下滑，或是某一公司出现亏损，而影响整体投资收益。

（3）投资时间分散

我们知道不同的理财产品有不同的理财期限，例如债券有持有期限规定、基金有封闭期以及定期存款有时间期限等，如果投资者不注意投资时间的分散，很有可能使自己的资金流动出现问题，从而影响整体投资。因此，我们在分散投资之前应考虑不同理财产品的期限，并将其分散开来。

（4）投资地域分散

地域分散指投资者投资时要考虑不同的地区，尽量避免购买同一地区的产品，而应购买国内外各个地区的产品。这样可以避免由于某一地区出现政治、经济政策变化而影响整体投资。

总的来说，组合投资就是从安全性和收益性的两个角度出发，将风险资产和低风险资产进行组合。想要保障安全性就组合低风险资产，想要高收益就组合风险资产。而具体的组合则是将资金分散开来，由两个（或以上）相关性较差的产品组合，这样得到的风险回报会大于单一资产的风险回报。

2 基础的投资组合形态

根据投资者收益和风险的不同考虑和需求，可以将投资划分为 3 种基础组合形态。具体如下所示。

（1）固定收益组合

固定收益组合指以确定的本金投入，再在一定时间取得确定的本利回收，收益在整个投资期内不变。固定收益组合主要是保证投资者构建的投资组合中的现金流量，以应对生活中紧急情况的准备金需求，满足6个月的生活费即可。

固定收益投资工具种类很多，主要包括储蓄存款、商业票据、可转让大额存单以及债券等几大类。虽然产品种类不同，但具有相同的性质和特点，如收益固定、风险较小、安全性较高、变现较容易以及偿还期固定等。

（2）长线投资组合

长线投资组合指资产在较长一段时期内的报酬率虽然不是固定的，但是会在一个比较固定的范围内波动，以确定的投入换取较长时期在确定范围内的回收，从而保证中长期理财目标的实现。

长线投资是一般家庭资产配置的核心，在整体的投资组合中占比较大。根据投资目的的不同，选择的理财产品也存在差异。如果是以退休养老为目的，则累积时间较长，可以选择价值型股票或基金；如果是以子女教育为目的，则累计时间通常在10年左右，可以选择成长型股票搭配债券或配置型基金。

长线投资组合可以承受部分风险，以时间换空间，追求长期相对稳定的风险收益。

（3）短线投机组合

短线投机组合的目的是在短期内实现快速致富，通过对市场的判断，把握机会，利用市场出现的价差进行低买高卖，从中获得利润的行为。短线投机交易风险较高，以期赚取预期高回报，主要以股票投资为主。

短线投机组合在整体投资组合中占比较少，主要是为冲击更高的风险收益。因此，投机组合的目的是投资成功时获得额外的高收益；投资失利时，即使完全损失也不会影响基本生活需求。

投资组合和投机组合都是为了获得收益，但投资和投机之间却存在明显的差异。

时间不同。投资组合追求风险更低的长期稳健收益，如长期持有证券、股票等。但是投机组合则时间较短，买卖交易比较迅速，看准机会便入手快进快出，博取风险收益。

收益侧重不同。投资组合看重长期的利益，就算短期内有亏损对整体也不会有太大影响，风险也比较低。而投机则看重短期的收益，受价格涨跌的影响比较大，风险比较大。

投资者构建最终的投资组合实际上是对三种基础组合的配置，根据自身投资的需要和风险承受能力的不同，而形成不同的投资组合。

3 利用固定比例法投资

固定比例法也被称为比率法，是投资组合技巧中的一种，它将资金分为两个部分：一是留存保本，该部分价格波动变化不大，以收益较为稳定的债券类投资为主；二是风险资金，主要以价格波动频繁、收益幅度相差较大的股票类投资为主。投资者确定固定比例之后，便不能轻易变化，且还要根据风险资金的变化情况来调整，以维持这一比例。

案例故事 固定比例投资的调整

投资者投入100 000元以60%和40%的固定比例，分别购买债券和股票。买进时股票为10元，当股价上涨至15元时，投资者股票投资从40 000元上涨至60 000元。

此时，在整个投资组合中，投资者的风险资金，即股票投资，基本等于留存保本资金，即债券金额，打破了60%和40%的比例。因此，投资者需要将风险资金增值的20 000元部分，按照60%和40%的比例再次分配，即卖出12 000元的股票金额，并将其转化为债券，使之前的比例保持不变。

如果股票从10元跌至5元，投资者的股票投资从40 000元跌至20 000元。此时投资者的留存保本资金远大于风险资金，应卖出债券12 000元购买股票，使债券和股票投资的比例依然保持60%和40%的比例不变。

因此，为了保持这一比例不变，当风险资金下跌，使投入资本的价值量下降时，就要利用留存资本买入股票以维持初期的固定比例不变；当风险资金上涨，使投入资本价值量上涨时，就要卖出股票转入债券资金以维持初期的固定比例不变。在这个低买高卖的过程中，投资者可以获利。

需要注意的是，股市价格是动态波动的，这就使得比例永远不可能固定不变，投资者需要多次买卖交易调整。但是，调整的时间不能过于频繁，通常3个月、半年或一年调整一次，具体的调整频率以当前的市场行情来确定。如果当前股市处于牛市行情，股价上涨，投资者可以调高调整频率；如果当前股市处于熊市，股价下跌，投资者可以降低调整频率，这样就能提高收益率。

4 借助组合模型搭建基金投资组合

除了投资产品的类型需要组合之外，同一类理财产品也需要进行组合选择，才能在分散投资风险的同时，增强组合稳定性，提高收益。因为债券、银行储蓄这类产品比较稳定，同一产品内分散意义不大，所以本节重点介绍基金组合。

基金类型较多，主要包括货币型基金、债券型基金、股票型基金、成长型基金以及价值型基金等几大类。不同的基金需要进行组合搭配。下面介绍几种实用性较强的组合模型，投资者可以借助组合模型搭建自己的投资组合。

（1）哑铃式投资组合

哑铃式投资组合最早出现在债券投资中，由于该组合只持有短期（1 ~ 5 年）和长期（25 ~ 30 年）的债券，而不持有中间期限（6 ~ 24 年）的债券，呈现出两头集中的分布，形似哑铃，所以被称为哑铃式组合。

如今哑铃式投资指的是选取两种风格差异较大的产品进行组合投资，这样可以规避一些市场波动带来的损失。以基金为例，选取基金组合投资时，应选择风格差异较大的产品，如图 7-1 所示。

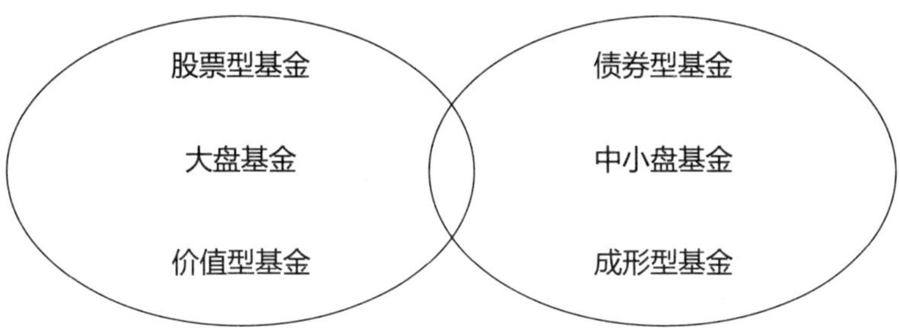

图 7-1　哑铃式基金组合

从图 7-1 可以看到，选择完全不同风格的产品进行组合，可通过优势互补增强投资组合的稳定性。

（2）金字塔式基金组合

金字塔式的基金组合是运用最频繁，也是最广泛的一种基金组合形式。投资者首先在金字塔的底部配置稳定性能较好的债券和货币型基金，然后在腰部配置指数型基金，最后在金字塔的顶端配置高成长性的股票型基金，结构如图 7-2 所示。

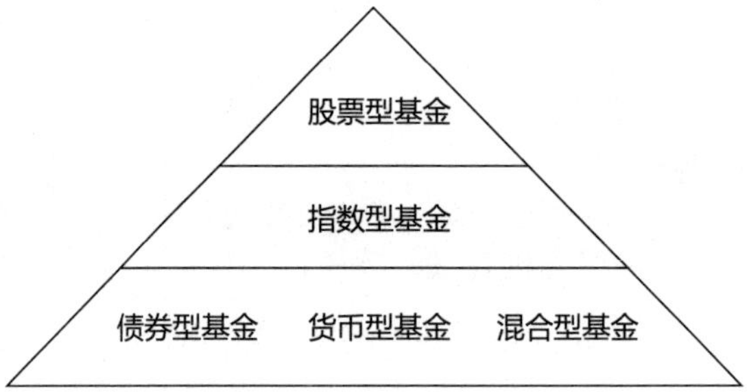

图 7-2　金字塔式基金组合

金字塔组合就是大量配置较稳健的债券基金、货币基金作为金字塔的底层，构建组合的底部，为组合打好坚实的基础，通常比例在 50% 左右；再适量配置些风险适中的灵活配置型基金，通常比例在 35% 左右；最后以高风险的投资来博取高收益，作为金字塔的顶层，投资比例在 15% 左右。

当然，基金组合的比例不是固定不变的，需要投资者根据自身实际情况进行配置。另外，基金组合构建成功之后也不是一成不变的，还需要对基金组合进行监控管理，以便及时对其做出调整和改善。

（3）核心卫星式组合

核心卫星式基金组合是一种比较灵活的基金组合方式，首先在组合中选择一个长期业绩突出、表现优异，并且比较稳健的基金作为核心，然后再选择一些短期业绩突出的基金作为卫星，结构如图 7-3 所示。

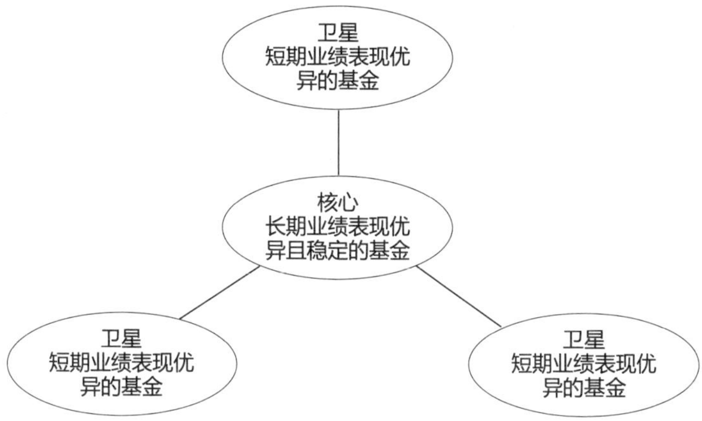

图 7-3　核心卫星式基金组合

核心卫星式组合结构，以核心作为稳定组合的重心，以卫星来调整组合的变化，以增强组合的收益性。这样的组合形式能够在保证组合长期稳定发展的情况下，保留基金组合的灵活性。

5 依照自己的投资风格进行组合配置

一千个人心中有一千个哈姆雷特，这句话在投资组合中同样适用，每个人对理财产品的风险感知能力不同，风险承受能力不同，追求的收益也不同。因此，投资者在进行投资组合配置时应结合自己的投资风格多加考虑。

投资者的投资风格多种多样，例如追求安全型、追求高收益型等，大致上可以分为三种类型，即保守型、稳健型和激进型。三种类型的投资者其风险承受能力为：保守型 < 稳健型 < 激进型；风险收益高低为：保守型 < 稳健型 < 激进型。

为了使资产配置与投资风格相契合，应该在产品投资的比例上花费心思。

对三类不同风险承受能力的投资者给予不同的资产配置，具体如表 7–1 所示。

表 7–1　资产配置比例

类型	固定收益类比例	长线投资类比例	短线投机类比例
保守型	40%	55%	5%
稳健型	20%	50%	30%
激进型	10%	40%	50%

以上比例不是固定不变的，可以根据实际情况调整。下面来看一个投资比例配置案例。

案例故事 保守型投资者的家庭理财计划

杨太太随着年龄增长和财富的积累，有了理财的想法，但对理财投资没有经验，所以找到了理财师做咨询。据了解，杨太太家的情况如下：

1. 家庭成员情况

杨先生私营企业主 40 岁、杨太太普通职员 38 岁、女儿小学 3 年级 10 岁。

2. 家庭财务情况

杨太太家的财务情况，如表 7–2 所示。

表 7–2　财务情况

收　入		开　支	
杨先生年收入	50 万元	年生活开销	20 万元
杨太太年收入	8 万元	孩子教育	10 万元
门市租金	20 万元	本息贷款	20 万元
存款	20 万元	其他	3 万元
合计	98 万元	合计	53 万元
余额	45 万元		

3. 投资理财需求

①资产流动性需求：需要保证一定资金的流动性，以防备可能会出现的不定额的资金周转需要。

②子女教育——女儿教育支出。

③养老退休——退休养老之后的生活开销。

4. 情况分析

①根据杨太太家的年收入和支出情况来看，结余空间充足，理财筹划空间较大。

②从杨太太家庭成长周期、投资经验和资产配置情况等方面来看，杨太太风险承受能力属于保守型投资者。

③投资时，首先要确保部分资金的流动性，其次还要避免单一投资品种比例配置过高的情况，严控风险。

5. 投资建议

考虑到整个投资的稳健性和风险性，应该将大部分资产配置固定收益类产品以降低亏损的概率，虽然投资收益成长的空间会相对受限，但基本可以满足理财目标。

6. 投资资产建议配置比例

①固定收益类资产配置比例 40%。

②年金型保险配置比例 10%。

③混合基金、股票配置比例 50%。

7.2 定投，分批买进分摊成本

定投即定期定额投资，这是一种分批买进分摊成本的投资方法，通过定投的方法进行投资可以降低一次性投入的投资风险，是一种比较有效的低风险投资方法。

前面在指数基金内容中，我们介绍了指数基金是一种比较适合做定投的基金类型，其实除了指数基金之外，其他理财产品也可以做定投，下面我们就来详细看看定投是怎么一回事儿。

① 坚持定投的是哪些人

近年来，定投越来越受到各类投资者的喜欢，覆盖面较广，主要原因在于定投具有下列优势：

经济负担较低。定投是分批分期投入资金，而非一次性投入资金，所以投资经济负担较低，即便是没有大量闲余资金的人也能够通过定投的方式展开自己的理财路。

“傻瓜操作”更简单。通常理财金融软件上可以设置自动扣款，操作简单便捷，不需要投资者进行过多操作，省时省事，更有效率。

长期投资收益高。市场价格波动变化大，但从长期的角度来看，整体趋势仍然向上。因此，只要投资者保持耐心，养成定投的习惯，通常可以赚取不错的收益。

因此，定投更适合下列投资人群。

①缺乏专业投资知识的投资者。投资需要具备专业的、系统的投资知识，以及一定的投资经验。如果没有相关投资知识的积累就盲目投资很有可能陷入投资误区，使自己遭受经济损失。但是，定投以时间换空间，平滑市场风险，可以使大部分没有专业分析能力的普通投资者也能够轻松参与投资，享受收益。

②冲动消费，缺乏理财意识的人群。定投要求投资者每月定期扣款，

这可以让缺乏理财意识、容易冲动消费的人群养成强制投资的观念，以便在不知不觉中积累自己的财富。

③想要高收益回报，又担心市场价格波动太大的投资者。部分投资者想要买入股票获取高收益，却又总是担心股市变化大，容易买在高处，亏损过多。定投可以规避这类问题，分批买进，摊低成本，并且市场波动越大，成本摊低效果越明显。

④缺乏时间且没有精力的投资者。不管是股市投资，还是基金投资，入场之后都需要时时盯盘择时，做买进卖出操作，但定投则不同，只需要设置好定投计划，时间到了系统就会自动扣款，可以为投资者节省大量的时间和精力。

需要注意的是，定投是一种摊低投资成本、降低投资风险的投资方法，但并不意味着定投就不会出现亏损。

2 哪些理财产品可以做定投

虽然很多时候人们提起定投说得最多的是基金，但实际上，除了基金之外，很多理财产品都可以做定投。定投只是一种投资方法，并不局限于某类理财产品。

下面介绍一些可以做定投的其他理财产品，具体内容如下：

（1）股票定投

股票也可以做定投，股市价格波动变化大，以定投的方式做投资可以规避买在最高处的尴尬，也可以真正起到摊低成本、降低持股风险的目的。但是股票定投也会降低一次性投资的收益性。

（2）保险定投

保险定投实际上只是一种投资说法，我们从保险的交费方式可以了解，保险也可以做定投。保险交费方式分为两种，趸交和分期交付。

趸交就是投保人将保费一次性交清。这种交费方式要求投保人一次交纳数目很大的保费，一般的投保人难以负担，所以绝大多数的保户都采用分期交费的方式。分期交付一般按年、半年、季或月交付，投保人可以根据收入情况选择。

这里的分期支付就属于定投，在前面介绍的年金险属于比较典型的保险定投。

（3）零存整取

银行存款中的零存整取也属于定投的一种，储户与银行事先约定金额与储蓄期限，逐月按约定金额存入资金，到期后一次性支取本息。

但需要注意的是，无论是哪种理财产品做定投都需要长时间坚持，才能达到积累财富、提高收益的目的。

因为定投是一种积少成多，以时间换空间的理财方法，所以短时间的定投难以看出投资效果，需要长时间坚持。虽然选择的理财产品不同，其具备的理财特点与风格也存在差异，加之定投的时间各异，但一般来说定投的投资期限还是以 3 ~ 5 年为主。

3 定投理财产品的购买

为了方便投资者的投资交易，很多金融理财软件会提供定投产品，投资者可以直接购买，更方便快捷。以银行为例，通常银行的理财产品中会设置定投专区。

银行的定投产品主要包括两类：一类是基金定投；一类是黄金定投。而银行存款中的零存整取则需要在存款功能中进行选择设置。

下面以中国银行为例介绍定投理财产品的购买。

案例故事 **在中国银行购买定投产品**

下载并安装中国银行 App，打开中国银行 App 登录个人账户进入首页，点击顶部搜索框，在搜索框中输入“定投”，最后点击“搜索”按钮，如图 7-4 所示。

图 7-4　搜索定投

在搜索结果中选择定投品种，这里选择“基金 / 定投专区”选项。进入基金“定投专区”页面，在页面中选择基金产品。这里选择“广发新兴产业混合”产品，如图 7-5 所示。

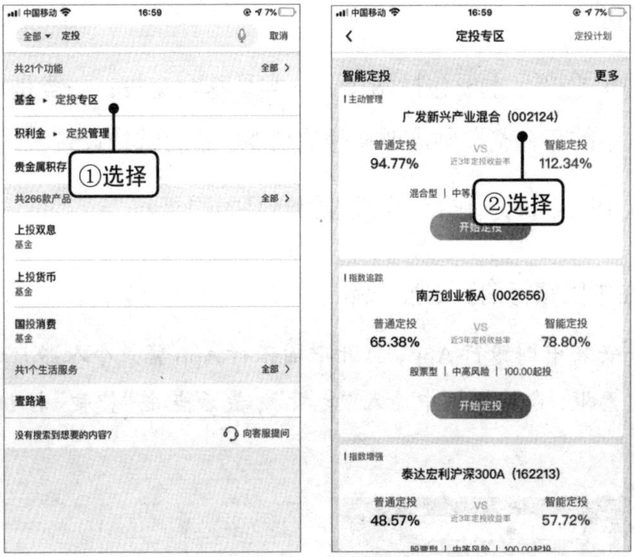

图 7-5　选择定投产品

进入定投详情页面，根据页面提示设置定投金额、日期和定投方式，查看产品说明和投资风险说明，确认无误后选中产品说明和投资风险说明前的复选框，点击“下一步”按钮，如图 7-6 所示。

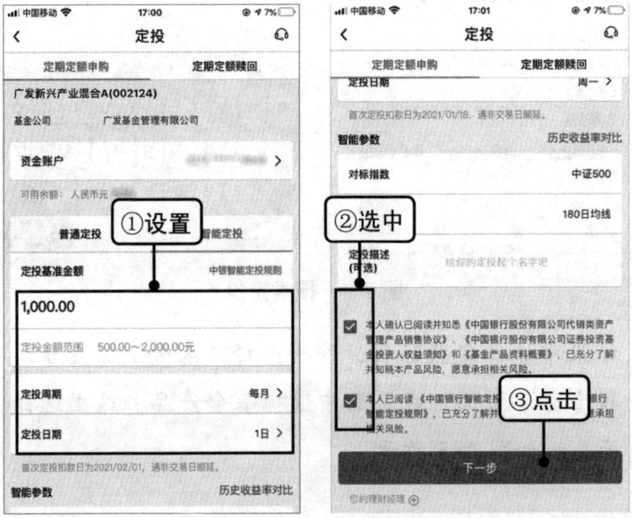

图 7-6　设置定投信息

然后根据页面提示输入支付密码即可。从定投设置页面可以看到，定投除了可以设置定期定额申购，还可以设置定期定额赎回。这样的设置方式可以为追求便捷性的投资者提供方便。

4 定投开始之后怎么结束

我们知道定投是一场长期奋战，需要投资者长期坚持，才能取得效果，但很多人不知道的是，如果长期不结束定投，不能锁定收益到最后也可能是一场空。

所以在定投之初，投资者就要确定好定投应该什么时候结束。一般来讲，定投有三种结束方式，下面分别进行介绍：

（1）固定期限结束

固定期限很容易理解，即投资者在投资之初就为自己设置一个结束的期限，例如定投 1 年、2 年或 3 年，一旦时间到达就结束定投。

定投设置的时间不能过短，因为定投本身是一个积少成多的过程，如果定投的时间太短，投入的本金不多，收益较低则投资意义不大。但是，定投也不是时间越长越好，因为随着定投时间的拉长，积累的本金较多，单次扣款对整体的影响也越来越小，定投摊低成本的优势越来越难体现，市场波动对定投的影响也越来越大。所以如果定投选择固定期限结束，3 年左右是较好的选择，两年次之。

（2）预期收益结束

预期收益结束指的是投资者在定投之初就确定一个目标收益率，一旦投资达到该收益率就停止。该方法是目前比较流行的一种结束方法，很多金融理财 App 也支持设置自动预期收益结束，一旦投资者的定投达到预期收益率就自动结束定投。在第 4 章指数基金定投内容中，已对预期收益结束进行介绍，这里就不做赘述了。

具体预期收益率的设置因人而异，没有具体的标准，但是要注意查看大盘行情。如果处于牛市行情中，投资者的预期收益率设置在 20% 左右比较合理，几个月的时间可以完成目标，但可能由于定投本金积累较少，份额不多，导致收益并不高；如果处于熊市行情中，设置 20% 的预期收益率可能一时难以实现，但通过长期的扣款，投资者可以积累更多的份额，一旦行情反转就可能得到较大的回报收益。

（3）估值结束

估值法主要是针对指数基金，对于主动管理型的基金效果不明显。估值法的核心在于“估值”，即对该证券基金估一个大概的价位，当市价上涨远远高出这个价位时，则认为被高估，风险较高，应该卖出；当市场下跌，远远小于这个价位，则认为被低估，后市极有可能上涨，应买进。

估值高低的确定由一个指标来代替整体估值，即市盈率（PE）。PE 指标高了就说明被高估了，PE 指标低了就说明被低估了。利用估值做定投的关键在于基金处于低估阶段时大量买进；基金处于正常阶段时少量买进；基金处于高估阶段时少买或不买。

同样，我们也可以利用估值来决定定投的结束时间，即当基金估值处于高估阶段时就结束定投。在定投之初先预设一个估值的阈值，一旦估值超过该值就认为基金被高估，则立即结束。总的来说，估值高则意味着泡沫高，此时对应的投资风险更高。

这样看来，定投结束的方法有很多，投资者从中选择适合自己的方法即可，最重要的是要谨记定投除了要坚持长期投资之外，更要锁定收益，及时结束，才能真正获得收益。

7.3 确定目标，控制止盈点和止损点

投资者做任何投资都要考虑止盈止损点。止盈是指当投资涨幅百分之几或涨到某个价位时，就减仓，运用这种方式可以把利润控制在一定的高度，实现自身利益最大化；止损是指当某一投资出现的亏损达到预定数额时，及时斩仓出局，以避免形成更大的亏损。因此，要求投资者在投资之初就要明确投资目标，控制此次投资的止盈点和止损点。

止盈止损是进行任何投资都要考虑的问题，本节以股票投资为例，介绍股票投资中的止盈止损点设置。

1 止盈止损的核心在于克服心理

实际上，大部分投资者都知道止盈止损，但投资是有违人性的，需要投资者克服自身的贪婪和恐惧，才能做好投资。

止盈、止损，看起来非常简单，也很容易理解。止盈，即在涨势未变的情况下，为避免后市行情急转直下而提前卖出锁定利润的一种行为，但实际投资中许多投资者都期望能卖在最高位，反而使自己被套。止损，即行情发生转变，由升转跌，为了避免被深度套牢而果断斩仓的一种行为，但在实际投资中许多投资者都期望后市止跌回升自动解套，反而使自己越套越深。

出现以上情况，主要因为投资者缺少平衡的心态，使得他们的投资总陷入困境。因此，投资者想要通过止盈止损来降低投资风险可从以下几点入手。

克服侥幸心理。很多投资者其实知道趋势上已经到了止盈止损位，但

是往往因为侥幸心理，想要再涨一点就止盈或再跌一点就止损，导致自己错过了最佳的止盈止损时机。

坚持止盈止损原则。投资者要坚持止盈止损的原则，宁可少赚也不要临时改变止盈点，一旦达到止盈点就锁定利润，或者锁定大部分利润，分批减仓。

避免赌徒心理。市场价格频繁波动，会加重投资者的侥幸心理，总想赌一次就能获得更高的收益，但现实往往背道而驰。赌徒心理是投资中的一大禁忌，任何的投资决策都应该经过准确的评估和考量，切不可以赌的心理来决定投资。

2 止盈点的设置法

止盈分为静态止盈和动态止盈。静态止盈指投资者设立具体的盈利目标位置，一旦达到盈利的目标位置时就坚决止盈。前面我们介绍的预期收益率止盈就属于静态止盈。

静态止盈也就是心理目标位，投资者在投资之初设置一个心理上的目标止盈位，而具体的心理目标位则由投资者对后市的预估或对证券的长期观察所得。静态止盈比较适合投资中长线的、投资风格比较稳健的投资者，对于一些投资时间不长、经验不多的投资者来说不适合。

动态止盈指当投资已经出现盈利，但由于趋势还处于上升形态中等原因，投资者认为后市还有继续上涨的动力而继续持有 ，一直等到出现回落迹象，达到一定的标准时，投资者再采取卖出获利的操作。动态止盈又分为价格回落止盈、均线破位止盈和技术形态止盈。

（1）价格回落止盈

股价与最高价相比，减少 5%～ 10%时止盈卖出。这只是一种参考数据，如果投资者发现股价确已见顶，即使没有跌到 5%的标准，也要坚决卖出，如图 7-7 所示。

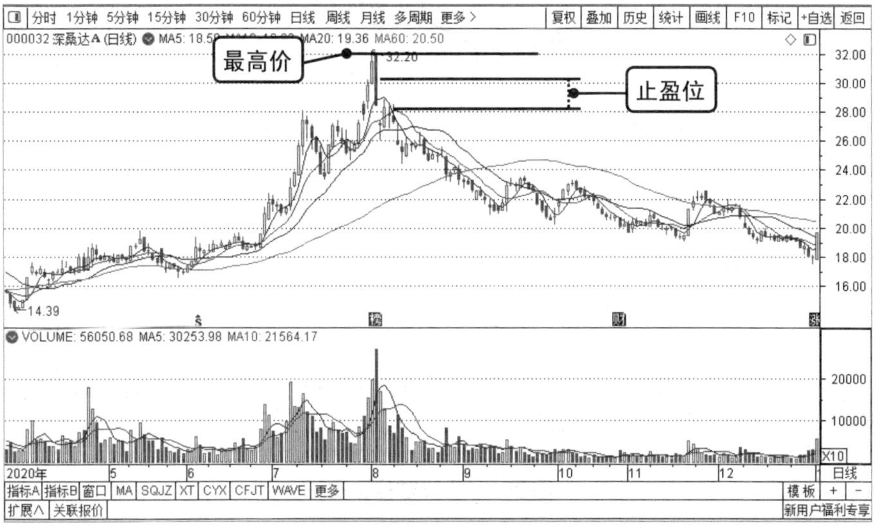

图 7-7　价格回落止盈

从上图可以看到，该股前期表现上涨行情，股价在 8 月初上涨创下 32.2 元的最高价后转入下跌行情中。此时，投资者的止盈位置应该设置在 5%～ 10%。

即 32.2−32.2×5%=30.59（元），32.2−32.2×10%=28.98（元），说明当股价下跌至 30.59 元时，跌幅达到 5%，投资者就可以止盈卖出获利；当股价下跌至 28.98 元，跌幅达到 10% 时，投资者应立即止盈卖出。28.98 ～ 30.59 为投资者的止盈位置。

（2）均线破位止盈

在上升行情中，均线是尾随股价上升的，一旦股价掉头击穿均线，将意味着趋势转弱，投资者要立即止盈，保住胜利果实。需要注意的是，均线有短期均线、中期均线和长期均线之分，中长线投资者以中期均线为依据，短线投资者则以短期均线为依据，如图 7-8 所示。

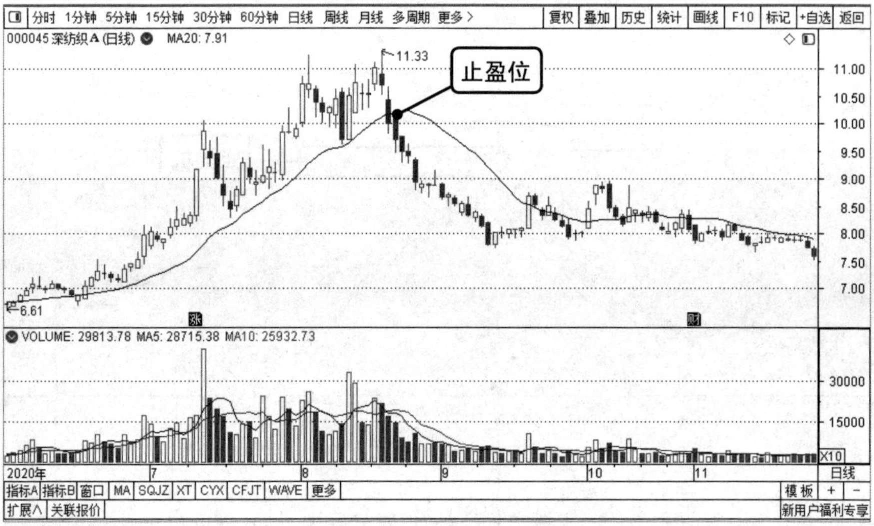

图 7-8　均线破位止盈

从上图可以看到，前期该股表现上涨行情，20 日均线跟随股价的上涨而向上运行。8 月中旬，K 线连续收出 6 根低开低走的阴线，股价止涨掉头下跌，一举跌破 20 日均线，说明该股的中期趋势转弱，投资者应在股价跌破均线位置止盈卖出。

（3）技术形态止盈

当股价上升到一定阶段出现滞涨，并且构筑各种头部形态时，要坚决止盈。技术形态止盈是投资中比较常见的一种止盈方式。常见的 K 线顶部形态主要有下面一些。

◆ 双重顶形态

双重顶指股价在市场顶部连续两次向上冲刺，没有突破出现新高，而开始向下跌破颈线。图 7-9 所示为双重顶头部形态。

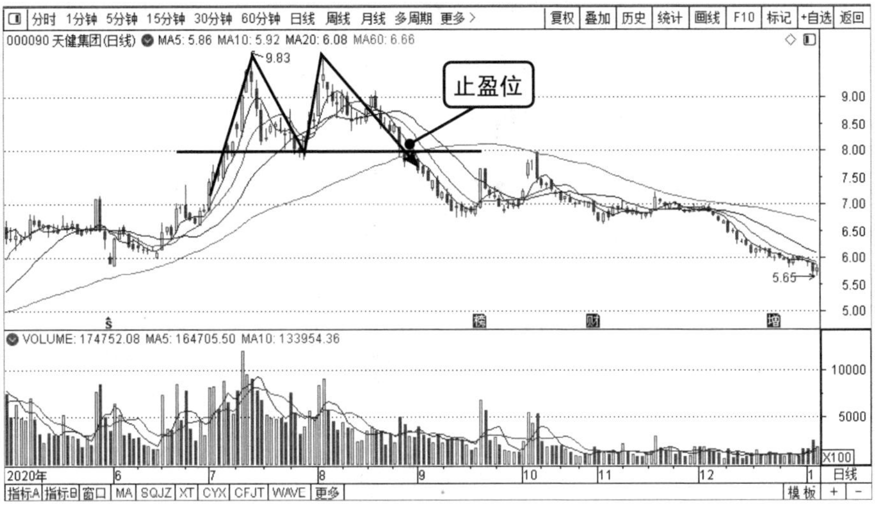

图 7-9　双重顶头部形态

◆ 三重顶形态

三重顶指股价三次上冲没有突破某一高点位置，转头向下运行，跌破颈线。图 7-10 所示为三重顶头部形态。

图 7-10　三重顶头部形态

◆ 头肩顶

头肩顶一般通过连续的三次起落构成该形态的三个部分，即三个高点。中间的高点比另外两个都高称为头，左右两个相对较低的高点称为肩，这就是头肩顶形态名称的由来。图 7-11 所示为头肩顶形态。

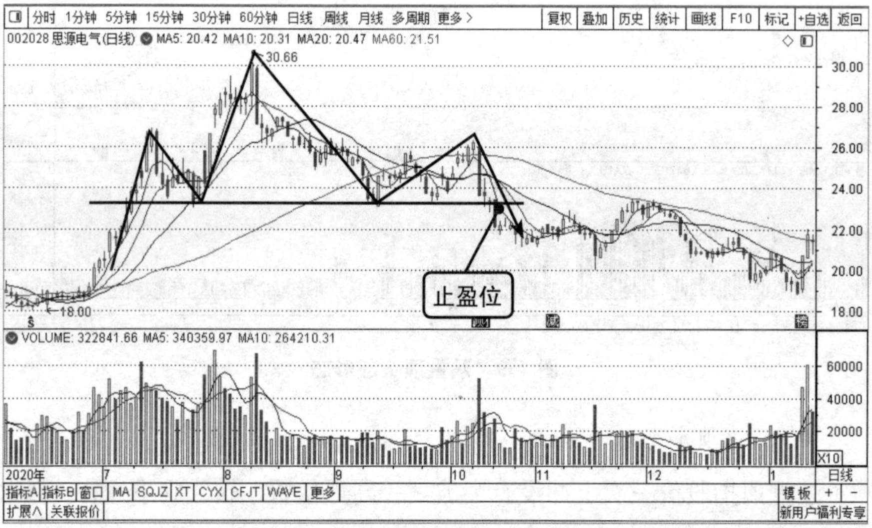

图 7-11 头肩顶形态

◆ 圆弧顶形态

当股价进入上升行情的末期，多头开始遇到阻力，使得股价上升的速度放缓，甚至出现下跌，多空双方在股价高位展开拉锯战。多头由进攻转为防守，直至上升动力衰竭，空头力量逐步增大。该形态宛如一根圆弧状的曲线，称为圆弧顶。

圆弧顶反转形态不同于头肩顶、双重顶和三重顶反转形态那样剧烈，它是市场渐进渐变的结果。圆形顶反转是由上而下进行的，呈现出一种圆弧形的走势。

图 7-12 所示为圆弧顶形态。

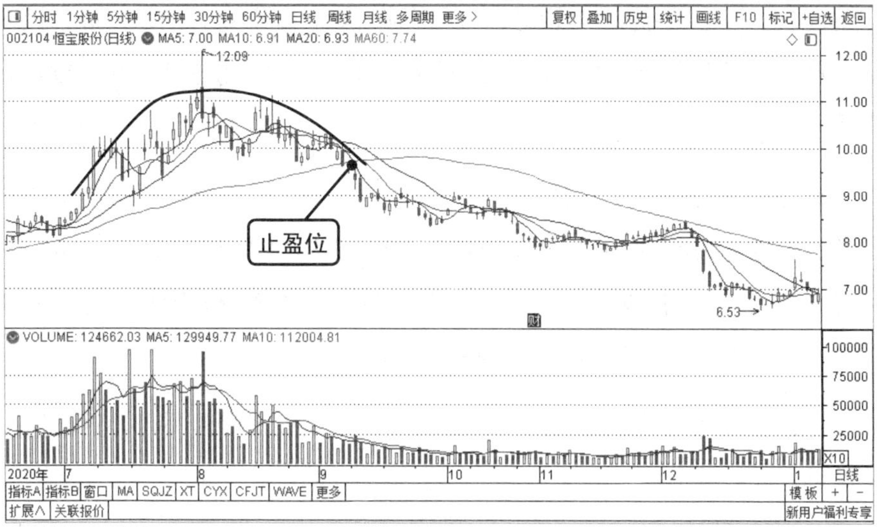

图 7-12　圆弧顶形态

股市投资中，技术形态止盈是大部分投资者惯用的一种操盘手法，利用这些顶部形态可以比较准确地判断股价阶段性顶部，所以投资者需要掌握一些常见的顶部形态。

3 止损点的设置法

止损实际上也就是俗称的“割肉”，即当亏损达到一定数额时要及时斩仓，避免造成更大的损失，目的在于将损失限制在较小的范围内。其中的“一定数额”因为投资者的经济实力不同，风险承受能力不同，设置的目标也不同，没有具体的标准。这里主要介绍的是止损点的常见设置方法，从而帮助投资者设置出适合自己的止损点。

（1）定额止损法

定额止损法是一种比较基础的止损方法，指将亏损额设置为一个固定的比例，一旦亏损达到或超过该比例时，就立即平仓。例如投资者投入10 000元，心理止损是1 000元，即比例为10%，一旦亏损达到该比例就立即平仓。

定额止损的特点在于强制止损，投资者不需要过分依赖对行情走势的判断，一旦达到止损比例则立即止损。因此，定额止损的关键因素有两点：一是投资者自身的风险承受能力，这是由投资者的投资心理和经济实力决定的；二是受投资者设定的盈利预期影响。

定额止损法比较适合刚入市的投资者，或是投资经验不足、对行情不能准确把握的投资者。

（2）空间位移止损法

空间位移止损法指根据股价运行的位置来判断止损点的方法，具体包括下列三种方法：

◆ 初始止损法

初始止损法指以股价的买进位置为依据设置止损点，例如以买入价的5%为止损点，一旦股价下跌跌破该位置则立即离场。

下面来看一个具体的例子。

案例故事 东港股份（002117）初始止损法设置止损点

图7-13所示为东港股份2020年6月至2021年1月的K线走势。

从图中可以看到，6月下旬该股结束横盘运行，开始向上攀升。投资者在12元位置追涨买进，但买进后股价上涨至13元便止涨，随后在13元价位线上下波动运行。此时，投资者可以利用初始止损法来设置止损点。

投资者在12元位置买进，假设能够接受的亏损位为买入价的5%，则止损价位为12−12×5%=11.4（元）。

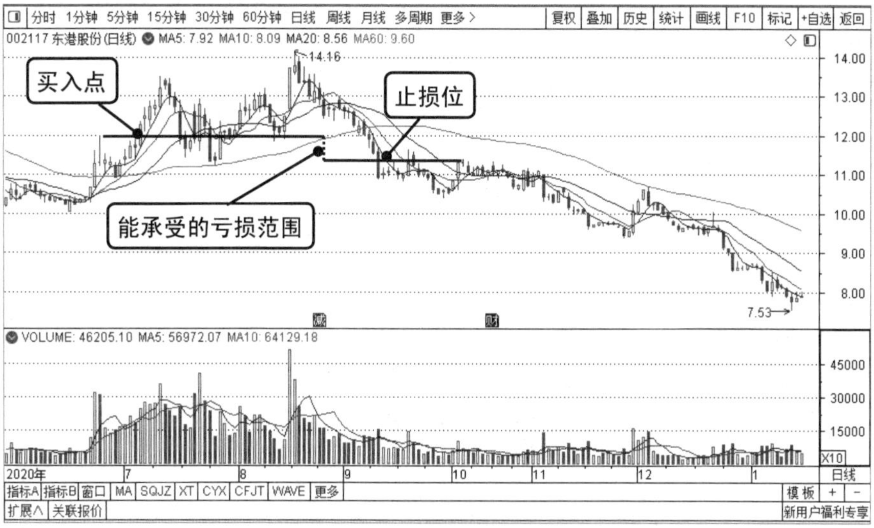

图 7-13　东港股份 2020 年 6 月至 2021 年 1 月的 K 线走势

因此，9 月上旬 K 线连续收出多根低开低走的大阴线，股价下跌跌至 11.4 元并继续下跌时，投资者应该立即平仓。

◆ 保本止损法

保本止损法指投资者买进后，股价上涨，此时应立即调整初始止损价格，将价格上移至保本价格。这样即便股价下跌，跌至止损位置，投资者也能保证本金不受损害。

需要注意的是，此时的保本价格为买入价格和买进卖出双向交易费用之和。

下面以一个具体的例子来查看。

案例故事　紫鑫药业（002118）保本止损法设置止损点

图 7-14 所示为紫鑫药业 2019 年 2 月至 7 月的 K 线走势。

从图中可以看到，该股前期处于上涨行情中，股价向上稳定攀升，涨势明显，投资者在 10 元位置追涨买进。

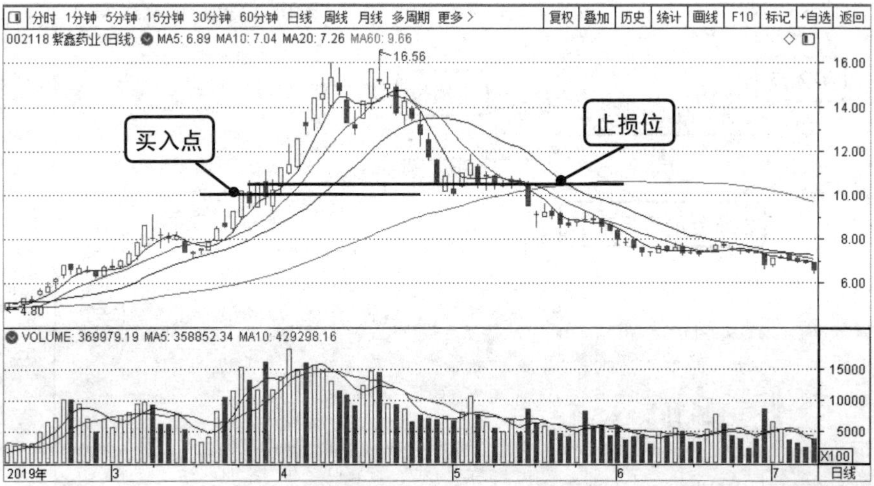

图 7-14　紫鑫药业 2019 年 2 月至 7 月的 K 线走势

假设投资者买入 10 000 股，每股价格为 10 元，此时投资者的买入成本计算如下：

买入股票所用金额：10 元 / 股 ×10 000 股 =100 000 元

过户费：0.002%×100 000 元 =2 元

交易佣金：100 000 元 ×3‰ =300 元（按最高标准计算，正常情况下都小于这个值）

买入总成本：100 000 元 +300 元 +2 元 =100 302 元

因此，投资者在 10 元位置买入 10 000 股，所需总资金为 100 302 元。

此时设置投资者的保本止损点，即投资者在股价什么位置卖出时才能不亏损本金。计算公式如下：

保本股价 =（买入总成本 + 卖出过户费）÷（1- 印花税率 - 交易佣金率）÷ 股票数量

（100 302 元 +2 元）÷（1-0.001-0.003）÷10 000 股 =10.070 682 7 元

所以，如果投资者以每股 10.08 元卖出，计算结果如下。

股票金额：10.08 元 / 股 ×10 000 股 =100 800 元

印花税：100 800 元 ×1‰ =100.8 元

过户费：0.002%×100 800 元≈ 2 元

交易佣金：100 800 元 ×3‰ =302.4 元

卖出后收入：100 800 元 −100.8 元 −2 元 −302.4 元 =100 394.8 元

最终盈利为：卖出后收入 − 买入总成本 =100 394.8 元 −100 302 元 =92.8 元

故此，投资者的保本止损点位置应该在 10.08 元位置，一旦低于 10.08 元，就可能造成本金损失。

◆ 动态止损法

动态止损指股价脱离保本止损价格后继续持续向上运行，保持上涨趋势，此时应该不断向上调整止损位置，且同时观察盘面中的量价关系，如果量价关系正常，呈同步增长，则设置好回调下落时的止损位。不到止损位继续持有，到达则立即平仓。如果量价出现背离，则立即出局。

下面以一个具体的实例来进行介绍。

案例故事 **南极电商（002127）动态止损法设置止损点**

图 7-15 所示为南极电商 2020 年 2 月至 7 月的 K 线走势。

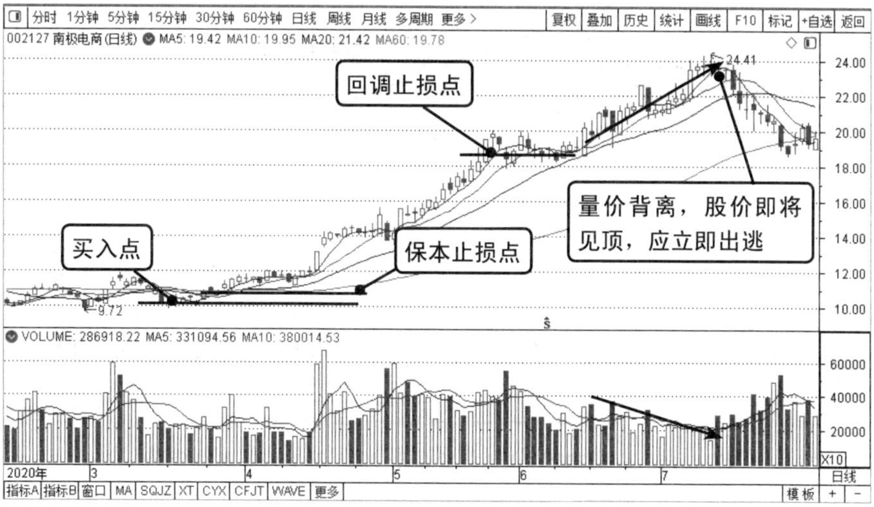

图 7-15　南极电商 2020 年 2 月至 7 月的 K 线走势

从上图可以看到，该股在10元价位线上调整结束后开始向上拉升，3月中旬，投资者在10元位置买进。

投资者买进后，股价向上稳定攀升，此时投资者设置保本止损点为10.08元。随后股价持续上涨，成交量放大。

当股价上涨至20元时股价止涨回调，此时可以以20元设置5%的止损位，即20−20×5%=19（元），如果股价回调至19元则投资者可以锁定利润平仓。

5月底股价止涨回调，在19元价位线上波动，但并没有有效跌破19元价位线，所以投资者可以继续持有。

6月下旬，股价调整结束继续向上攀升，上涨至25元附近后止涨，K线连续收出多根长上影线阳线，说明上方压力较大。与此同时，成交量并没有随着股价的攀升而放量，反而出现缩量迹象，由此形成量价背离的现象，说明股价即将见顶，投资者应立即出逃。

图7-16所示为南极电商2020年6月至2021年1月的K线走势。

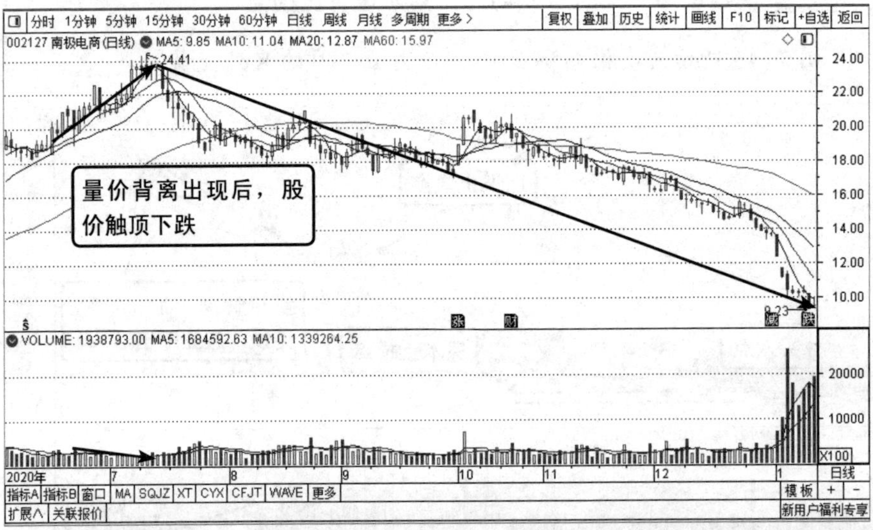

图7-16　南极电商2020年6月至2021年1月的K线走势

从上图可以看到，量价背离现象出现后，股价在24元位置见顶下跌，后市转入长期下跌的走势中，跌势明显。

（3）时间周期止损法

时间周期止损法是一种比较刻板的方法，即在投资之初确定好持有的时间，短线操作时间在一星期以内，中长线操作时间在 1 个月至 6 个月，长线操作则在一年以上。

时间周期止损法的重点在于对时间的控制，这种操作方法比较简单，但局限性较大。

（4）平衡点止损法

平衡点止损法分为三个步骤。第一步即在建仓位置设定原始止损点，通常在距离建仓位置 5% ~ 8% 的位置。买进后，股价下跌有效跌破原始止损点则立即卖出平仓。

买进后，股价回升至建仓位，则将止损点调整为建仓价位。此时该价位为盈亏平衡点位置，即投资者在平衡点位置止损，股价上涨或下跌至该价位时投资者平仓都没有风险。

建立平衡止损点后，股价继续上涨，投资者就需要根据 K 线走势进行技术分析，不断调整止损位置。

下面以一个具体例子来说明。

案例故事　拓邦股份（002139）平衡点止损法设置止损点

图 7-17 所示为拓邦股份 2020 年 8 月至 2021 年 1 月的 K 线走势。

从图中可以看到，该股在 2020 年 8 月初成交量放量，股价向上攀升，涨势明显。投资者在 7 元位置买进，此时以 8% 的跌幅设置止损点，为 7-7×8% =6.44（元）。从图中可以看到股价下跌至 6.5 元止跌回升，说明投资者可以继续持有。

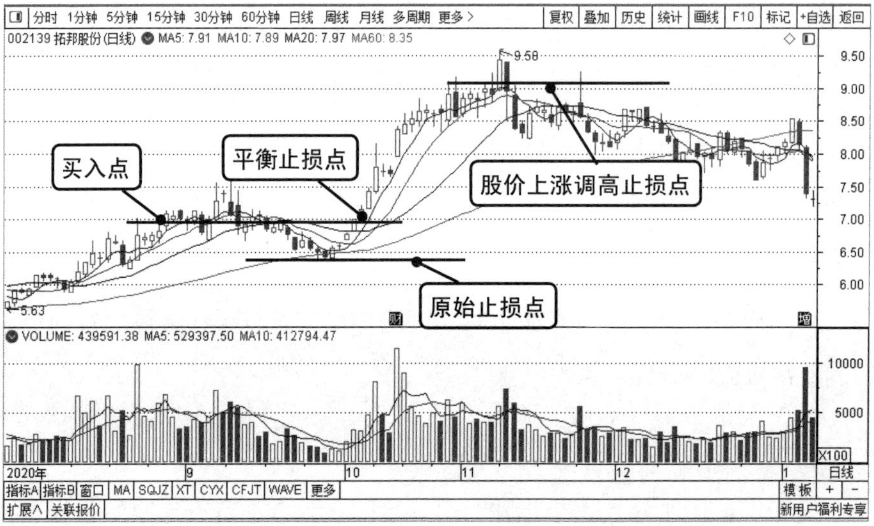

图 7-17 拓邦股份 2020 年 8 月至 2021 年 1 月的 K 线走势

随后股价上涨，K 线连续收出多根大阳线，将股价拉升至 7.5 元附近止涨。此时，可以将建仓价 7 元设置为平衡止损点，保证投资者的零风险。当股价回调下跌低于 7 元时及时卖出。从上图可以看到，股价回调两日后便继续上涨，股价持续运行在 7.5 元上方，说明可以继续持有。

当股价运行至 8.5 元价位线后，涨势渐缓，在创出 9.58 元的新高后转入止涨回调。此时，投资者可以在 9.58 元位置，以 5% 的跌幅设置止损点，即 9.58−9.58×5% =9.101（元），当股价跌破 9.101 元时卖出持股。

第8章

低风险投资离不开仓位管理

仓位管理指投资者在决定投资某个对象时的入场方式，即如何分批入场。这是每一位投资者都应该掌握的投资技巧。它能够有效降低投资风险，提高投资者的盈利空间，使利润最大化。

8.1 投资，为什么要做仓位管理

仓位管理指对自己的持仓进行合理控制，轻仓、重仓、满仓和清仓等都属于仓位管理。投资者通过对仓位进行有效管理虽不能增加我们的收益，但却能够在一定程度上减少损失，降低投资风险。因此，每一位投资者都应该学会仓位管理。

1 仓位管理的重要性分析

仓位管理，有时候也被称为投资资金管理，在一切有价证券投资中都可以进行仓位管理。

但事实上很多投资者都没有仓位管理的概念，以股市投资为例，有的投资者常常在股价小幅回调时就割肉，一出现小小涨幅就立即满仓。所以这类投资者的仓位总是呈现出要不满仓、要不空仓的状况，常常因为市场中的一点波动变化就手忙脚乱，这样的仓位管理无疑增加了投资者的投资风险。

因此，投资者做仓位管理是有必要的，但是投资者需要明确一点，仓位管理的中心在于抵御投资风险，摊平持仓成本。因为市场总是波动变化，难以预测，而仓位管理则可以在很大程度上控制风险。

要做仓位管理，投资者首先需要知道各类仓位的含义，具体如下：

①全仓指投资买卖交易不分批、分次，而是一次性建仓、一次性平仓或斩仓。

②满仓指投资者将账户中持有的所有资金全部用来建仓。

③重仓指用账户中的大部分资金购买多只股票，其中一只投资比例比其他的股票大，那么这只比例大的股票就是重仓持股。除此之外，重仓也指投资人目前账户中余额比例较小，而将大部分资金投资到了金融市场。

④半仓指用一半的资金买入股票或其他交易品种，账户中还留有一半资金的操作方法，也叫半仓操作。同样的，如果用了 60% 的资金买入，就叫 6 成仓。

⑤轻仓指买入股票投入的资金份额占投资总额的比例较小，剩余资金较多，持有现金比例较大，投资资金占总资金的 1/3 以下。

⑥底仓指股票从低位无庄状态转变为低位高控盘状态主力的平均吸筹成本。

⑦平仓是在股票交易中，多头将所买进的股票卖出，或空头买回所卖出股票行为的统称。

⑧建仓也叫开仓，指交易者新买入或新卖出一定数量的有价证券。

2 仓位部署讲究战略

投资忌讳“满仓一把全上”，这样的投资方法往往会让人血本无归。投资中的仓位管理也讲究部署，可以将仓位分为四个部分，即底仓、主力仓、浮仓和现金仓。不同的仓位具有不同的作用，具体如下：

（1）底仓

底仓成本指股市下跌后主力在此位置低位吸筹形成的成本。这个是主力的成本，主力后续向上拉抬的目的就是为了保证底仓能够盈利。

因此，即便在熊市中有经验的投资者也应该保留部分底仓，以保持对市场的客观判断。底仓的比例通常在20%左右比较适合。这样即便股价遭遇一波25%的深幅重跌，投资者的总资金整体损失也仅为5%，不会对整体资金造成较大程度的影响。底仓的操盘关键在于长期持股不动，等待庄家入场，出现明显上涨信号后加仓。

但是并不是所有的底仓都不能卖，如果处于跌势猛烈的主跌浪中，投资者可以完全清仓。

（2）主力仓

主力仓是投资者的大部分投资资金，通常资金比例保持在6成左右。这部分仓位的目的是博取大盘上涨和波动的涨幅收益，也是仓位管理的核心部分，更是决定投资者此番投资是否赚取利润的关键。

主力仓的管理是投资者个人投资风格的体现，激进的投资者在主力仓管理中会瞄准位置全仓，但谨慎的投资者则会对主力仓做进一步的仓位管理，分批入场，分批出场，严控投资风险。

（3）浮仓

浮仓指浮动的仓位，在回调低位买进，在拉升阶段高位卖出，主要用来获得短线利润，降低持股的成本，如果操作得好，甚至可以使持股成本为零。浮仓最大的特色就是灵活度高，资金数额、买入和卖出等都具有很高的灵活度。

（4）现金仓

在实际投资中，部分投资者还会保持一定比例的现金仓，以应对可能出现的下跌行情。保留现金仓主要有以下两个优势：

①现金仓可以有效控制账户回撤。我们知道市场波动变化大，往往难

以预测，当一只股票的价格明显高估超出其最大价值时，就失去了继续持有的必要性。此时，投资者需要卖出持股转换成其他具有一定投资价值的股票，但如果找不到可接力的股票或当整个市场都处于高估时，投资者可以将这只股票的仓位换成现金，这样能有效降低账户市场波动的风险。

②现金仓更利于择时操作。市场起伏变化快，当市场出现一个好的投资机会时，投资者既需要有敏锐的眼光去发现，还需要有现金及时买进。如果投资者没有保留现金仓就需要卖出部分持有的股票才能买进，这样有可能错过时机。

8.2 遵循仓位管理中的基本原则

有效的仓位管理是一门技术，既能降低投资风险，保证资金安全，又能实现长期的稳定盈利，但是这些都必须建立在正确的仓位管理基础上。想要做到这一点，投资者就需要严格遵循仓位管理中的各项基本原则。

1 永不满仓，留有余地

永不满仓指投资者在做投资时，不要将所有的资金全部投入某只股票。投资不是赌博，不能仅凭运气博输赢，投资的前提是保证资金的安全性，所以投资者在做投资操作时切忌满仓操作，一定要给自己留有余地。

永不满仓要求投资者始终要预留资金，也就是预留现金仓。因为市场波动变化大，满仓遭遇下跌时，损失过大难以回本，投资风险过大。

以 10 万元资金为例，如果投资者满仓买进，遭遇下跌行情，那么投资者的资金变化如下：

- 当亏损达到 10% 时，本金为 9 万元，需要涨幅达到 11.11% 时才能回本。
- 当亏损达到 20% 时，本金为 8 万元，需要涨幅达到 25% 时才能回本。
- 当亏损达到 30% 时，本金为 7 万元，需要涨幅达到 42.86% 才能回本。
- 当亏损达到 40% 时，本金为 6 万元，需要涨幅达到 66.67% 才能回本。
- 当亏损达到 50% 时，本金为 5 万元，需要涨幅达到 100% 才能回本。
- 当亏损达到 60% 时，本金为 4 万元，需要涨幅达到 150% 才能回本。
- 当亏损达到 70% 时，本金为 3 万元，需要涨幅达到 233% 才能回本。
- 当亏损达到 80% 时，本金为 2 万元，需要涨幅达到 400% 才能回本。
- 当亏损达到 90% 时，本金为 1 万元，需要涨幅达到 900% 才能回本。

可以看出，当亏损的幅度越来越大，回本的难度也就越来越大，如果亏损达到 50% 不补仓，想要回本可能性不大。所以我们需要预留现金仓进行补仓，且将亏损控制在 40% 以内，投资者才有回本的可能性。

其次，不满仓可以帮助投资者更轻松地完成投资，具体作用包括下列三点：

①不满仓可以让投资者保持一个良好的投资心态。满仓操作很容易让投资者被市场波动牵着鼻子走，市场看好上涨，情绪高涨，立即卖出。一旦市场出现下跌马上精神紧张，还可能因为承受不住心理压力而割肉斩仓。这样的情绪变化，使得投资者难以用理性的眼光和心态去对待市场。但如果投资者只是轻仓持股，那么每一次的下跌反而是抄底买进的好机会，投资者的心态也能更好。

②不满仓可以让资金更灵活，因为市场出现单边上涨或单边下跌行情的时间都比较短，大多数情况下，市场都是以震荡为主，所以投资者需要

预留部分的现金仓做高抛低吸，让资金变得更加灵活。

③不满仓可以让投资进退更自由，因为市场本身跌宕起伏，变化多端，投资者难以准确地判断市场行情的走向，但是却能够切切实实地控制仓位，而预留一定的现金仓如同给了我们更好的进退机会，让投资策略更有余地。

2 控制仓位，永不踏空

踏空指投资者对后市错误预估，以为后市可能下跌而全部卖空手中持股，但卖出后股价却持续上涨，投资者想要再低位吸筹已经来不及。此时投资者因为没有买到股票而错失赚取利润的机会。因此，想要永不踏空，控制仓位是关键。

图 8-1 所示为仓位控制操盘手法。

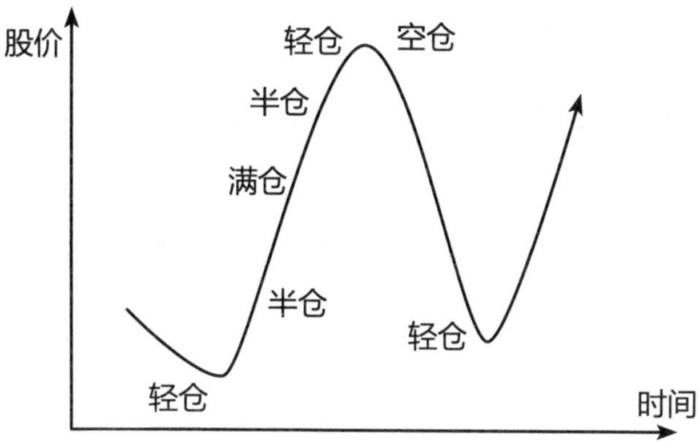

图 8-1 仓位控制操盘手法

从图 8-1 可以看到，在股价下跌后的低位区域趁低吸筹，轻仓买进，如果买进后股价继续下跌，那么也不会对整体资金造成重大损失。其次，在股价下跌后的相对低位区域吸筹是一个比较稳健的买进方法，即便出现下跌，下跌的幅度也不会过大。

轻仓买进后，如果股价止跌小幅回升，投资者可以适当加仓，保持半仓仓位。当股价迎来主升浪行情，投资者应追涨满仓买进。随后股价上涨至相对高位区域，涨势渐缓，投资者应该抛售部分持股保持半仓仓位，锁定前期收益。

股价止涨在高位区震荡，投资者应该继续抛售保持轻仓仓位，一旦行情急转，股价下跌，投资者就应立即空仓杀跌。当股价下跌至低位区时再次轻仓买进，进入仓位循环管理。

通过上述操盘手法可以看到，投资者的仓位管理经历了“轻仓→半仓→满仓→半仓→轻仓→空仓”几个阶段，正是这样的操盘方式可以在一定程度上避免投资者出现踏空。

8.3 超实用的仓位管理法

仓位管理是一个概念，不同的投资者具有不同的投资风格，仓位管理也不同。下面介绍几种超实用的仓位管理方法，帮助投资者灵活借鉴。

1 金字塔形仓位管理法

金字塔形仓位管理法指投资者初始进场的资金量比较大，后市如果行情向相反的方向运行则不再加仓，但后市行情如果按照预测上涨方向发展则逐步加仓，且随着股价的上涨，加仓的比例越来越小。

这样的仓位管理使得仓位呈现出下方大，上方逐渐变小的形态，所以叫金字塔形仓位管理法。

金字塔仓位管理分为金字塔买入法仓位管理和倒金字塔卖出法仓位管理。图 8-2 所示为金字塔买入法仓位管理示意图。

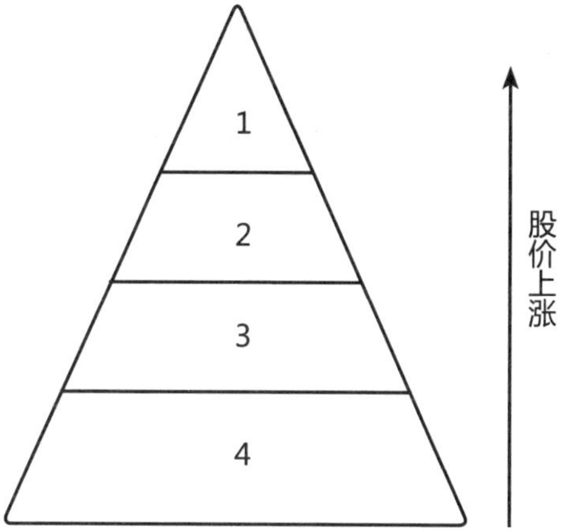

图 8-2　金字塔买入法仓位管理示意图

从图 8-2 可以看到，金字塔买入法仓位管理将资金分为 4 份，从下到上分别为 40%、30%、20% 和 10%。如果投资者初始投入资金后，股价继续上涨就逐步分段投入 30%、20% 和 10% 的资金。如果股价下跌就不加仓了，如果股价继续下跌至投资者的心理止损点就抛售持股。在实际投资操作中，金字塔买入法中的比例可以根据实际情况进行调整，但是逐渐减小的比例原则不变。

金字塔买入法的优势在于，在低价时买的多，高价时买的少。虽然不如一次性全仓获利多，但能减少因股价下跌带来的风险。

倒金字塔卖出法仓位管理与金字塔买入法仓位管理相反，它是下方较小，越往上越大，主要用于看空股价时卖出的资金比例管理。

图 8-3 所示为倒金字塔卖出法仓位管理示意图。

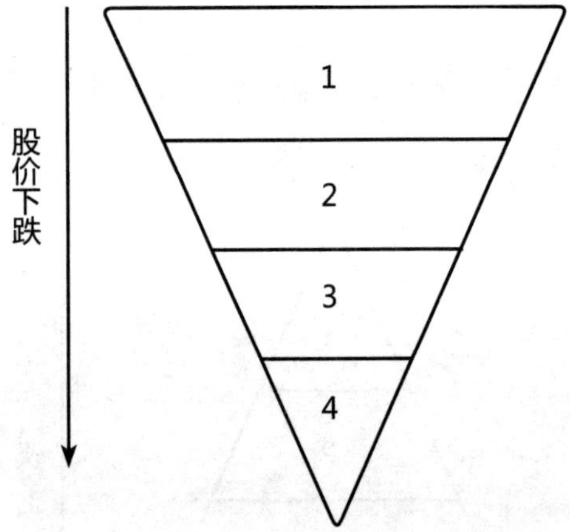

图 8-3　倒金字塔卖出法仓位管理示意图

从图8-3可以看到，倒金字塔卖出法仓位管理将资金分为4份资金比例，从上到下分别为 40%、30%、20% 和 10%，股价出现拐头下跌迹象时投资者卖出 40% 的持股，随后继续下跌就逐步分段卖出 30%、20% 和 10% 的持股。如果股价止跌回升，可停止卖出重仓买进。其中的比例同买入法一样，可以根据实际情况进行调整。

金字塔形卖出法的优势在于，高价时卖出的多，低价时卖出的少，虽然不如一次性空仓获利多，但能减少因股价上涨带来的踏空风险。

当然，除了按照示意图中的比例将资金分为 4 份外，还可以将资金分为 5 份或者是 3 份等，4 份是比较常见的做法，比例也可以根据实际情况进行修改。但要注意，利用金字塔做仓位管理时首次入场或出场的资金量最大，随后逐渐降低。

下面以一个具体的实例来看金字塔形买入法。

案例故事　紫光学大（000526）金字塔买入收益分析

图 8-4 所示为紫光学大 2016 年 5 月至 2019 年 3 月的 K 线走势。

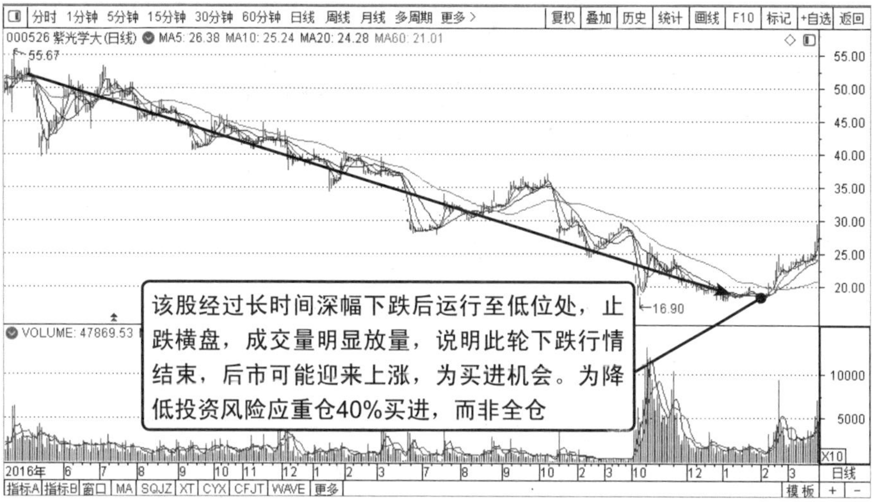

图 8-4　紫光学大 2016 年 5 月至 2019 年 3 月的 K 线走势

从上图可以看到，该股经历了近 3 年的下跌行情，股价从 55.67 元下跌至 20 元价位线后止跌横盘，跌幅达 64.07%。此时观察成交量发现成交量出现明显放量，均线系统由纠缠横行变为发散上行，说明该股的这一轮下跌已经结束，后市可能迎来一波上涨行情。

2019 年 2 月初，投资者在 20 元附近买进，但为了降低投资风险，投资者决定以金字塔买入法进行操作，在 10 万元的投资总金额中，投入 40% 的资金。

图 8-5 所示为紫光学大 2019 年 1 月至 9 月的 K 线走势。

从图中可以看到，投资者买进之后，股价果然一改之前的颓势转入上涨行情中，K 线连续放阳拉升，成交量表现放量，股价快速上冲。然而此番上涨仅维持了两个月，股价拉升至 28 元价位线后止涨，短暂横盘后便连续收阴下跌。

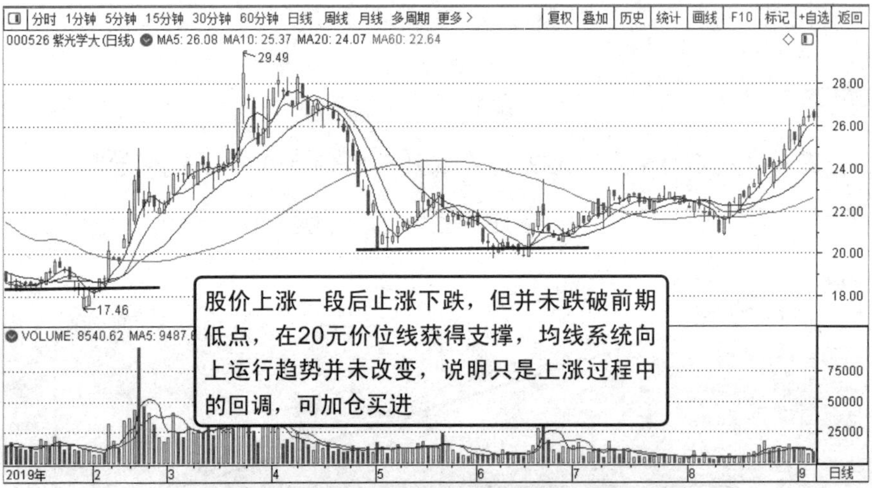

图 8-5 紫光学大 2019 年 1 月至 9 月的 K 线走势

但是，此轮下跌并没有跌破前期 18 元低位，跌至 20 元价位线后便止跌横盘，并出现小幅回升，均线系统发散向上运行，说明该股的上涨趋势并没有发生变化，此时的下跌是主力为了后市更好地拉升而做的回调。所以，既然上涨趋势并没有发生变化，投资者应该趁机加仓买进，在 21 元位置继续买进，投入 30% 的资金。

图 8-6 所示为紫光学大 2019 年 8 月至 2020 年 2 月的 K 线走势。

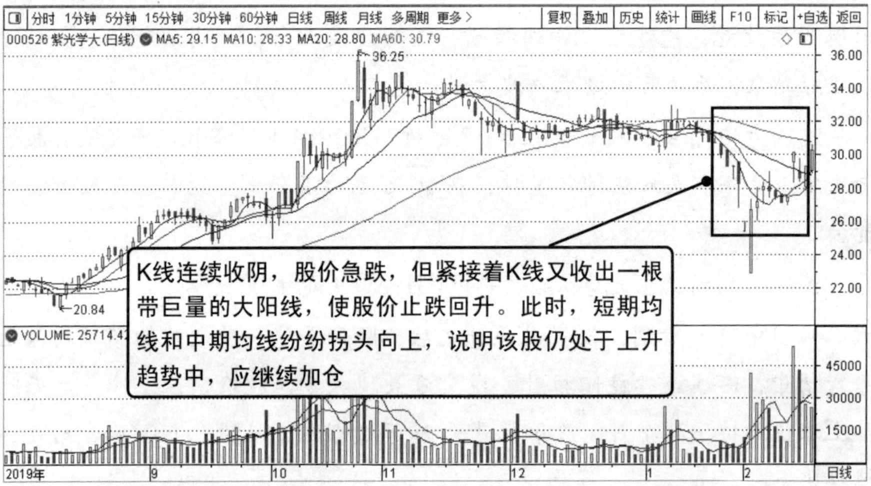

图 8-6 紫光学大 2019 年 8 月至 2020 年 2 月的 K 线走势

从上图可以看到，投资者买进后，该股股价在成交量的支持下继续向上攀升，两个月左右的时间将股价拉升至 34 元价位线上方，随后止涨并在 32 元价位线上横盘运行。1 月底，K 线连续收出多根下跌阴线，将股价拉低至 26 元价位线，但紧接着 K 线又收出一根带巨量的大阳线，使股价止跌回升。此时，查看均线发现，短期均线和中期均线纷纷拐头向上，说明该股仍处于上升趋势中，投资者应继续加仓，所以在 28 元位置投入 20% 的资金。

图 8-7 所示为紫光学大 2020 年 1 月至 8 月的 K 线走势。

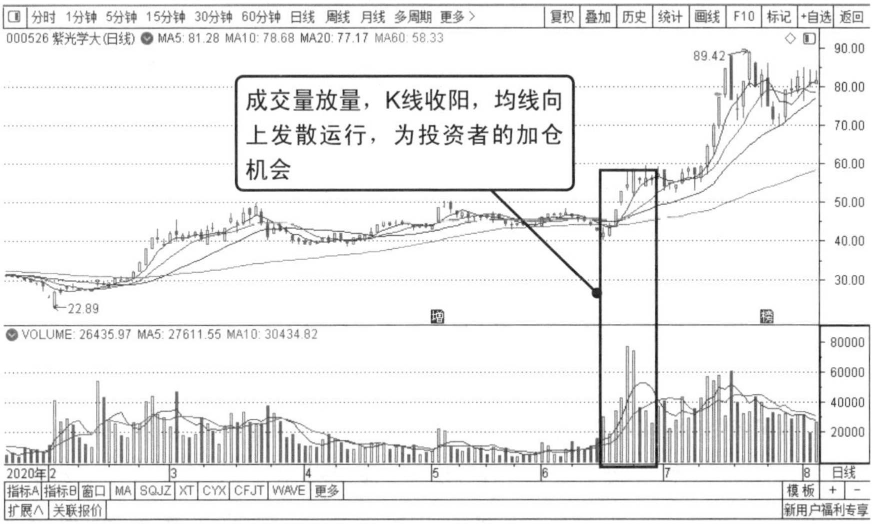

图 8-7　紫光学大 2020 年 1 月至 8 月的 K 线走势

从上图可以看到，投资者在三次买进后，成交量放量，股价继续上涨，涨至 50 元附近后止涨，小幅下跌后在 45 元价位线上下波动运行，均线由发散逐渐转为纠缠。6 月下旬，K 线连续收出几根带量阳线，股价结束横盘出现明显上涨趋势，均线再次发散向上，此时为投资者的加仓机会。因此，投资者在 50 元位置投入 10% 的资金。

买进后，均线呈多头排列向上运行，K 线连续收出多根高开高走的大阳线，将股价拉升至 80 元价位线，创下 89.42 元的高价后止涨在 80 元价位线上横盘波动。

此时，该股股价从20元附近开始上涨，涨至最高89.42元，涨幅已经达到347.1%，股价极有可能触顶。如果投资者在80元位置卖出持股，那么投资者的收益计算如下：

20元位置持股：100 000×40%÷20=2 000（股）

21元位置持股：100 000×30%÷21=1 428.57（股）

28元位置持股：100 000×20%÷28=714.28（股）

50元位置持股：100 000×10%÷50=200（股）

因为股票的交易单位为“手”，一手即为100股，委托买入数量必须为100股或者为其整倍数，所以21元位置应买进1 400股，30 000元剩余600元；28元位置买进700股，20 000元剩余400元。

投资者投入成本为100 000−（600+400）=99 000（元）

80元位置卖出获利：80×（2 000+1 400+700+200）−99 000=245 000（元）

所以在不考虑买进卖出手续费用的情况下，投资者获利245 000元。

如果投资者直接在20元位置全仓买进，则收益如下：

100 000÷20×80−100 000=300 000（元）

可以看到，确实金字塔形买入法相比直接全仓买进收益低，但是这样顺应股价运行趋势的购买方法，在股价上涨趋势不变的情况下，逐渐买进风险更低，且低位处买进量大，高位处买进量少，资金也更灵活，能够比较轻松地应对市场中可能出现的行情转变。

2 矩形仓位管理法

矩形仓位管理法，也被称为固定比例加仓法，指投资者初次入场建仓时的资金量为总资金的固定比例，如果后市股价按照预期方向发展，则逐渐加仓，加仓时都遵循这个固定的比例依次增加。

但是，如果后市股价按照相反的方向发展，投资者就要停止加仓，如果超过止损点就要抛售持股。

图 8-8 所示为矩形仓位管理法示意图。

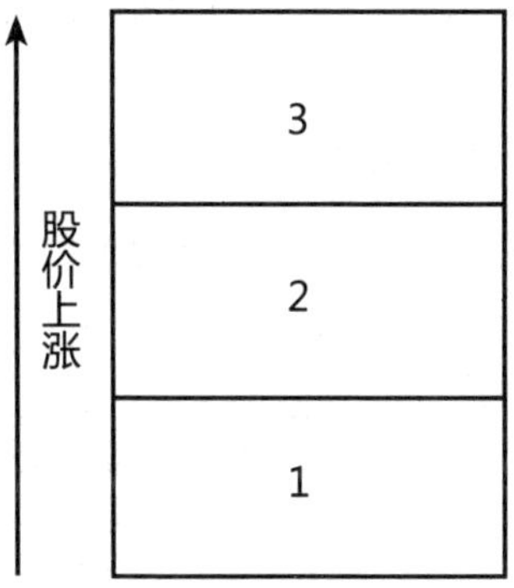

图 8-8　矩形仓位管理法

根据加仓的次数及比例不同，可以分为二分一仓位或三分一仓位，图中展示的是三分一仓位。这是一种比较简单的仓位管理方法，即将资金分为三部分，如果市场行情趋势向好就逐次加仓至满仓，各个仓位的使用方法具体如下：

①第一个 1/3 仓通常应用在市场行情低迷或者是熊市末期，以短线操作为主，快进快出，高抛低吸。如果买进后，趋势明显向好则可以中线持有；如果趋势不明，则短线获利了结。

②第二个 1/3 仓通常应用在第一个 1/3 仓已经获利，趋势明显向好，脱离底部区域，且无风险的情况下便可以加入第二个 1/3 仓。此时以中线操盘为主，紧跟庄家步伐，一旦发现主力有减仓迹象，则立即获利了结。

③第三个 1/3 仓应在前两个 1/3 仓已经获利，且趋势明显向好的情况下，才可以加仓。

矩形仓位管理的优势在于，一旦遭遇股价回落，不至于全部仓位遭遇被套。其次，利用逐渐加仓的方式摊薄了成本，大幅降低了投资风险。此外，如果股价按照预期上涨方向发展，则已持有一定比例的仓位仍有获利空间，还可以利用调整过程适时加仓，这样使得投资操作的主动性更强。

下面以一个具体的实例来介绍矩形仓位买进法。

案例故事 **科华生物（002022）矩形仓位买进分析**

图 8-9 所示为科华生物 2019 年 4 月至 10 月的 K 线走势。

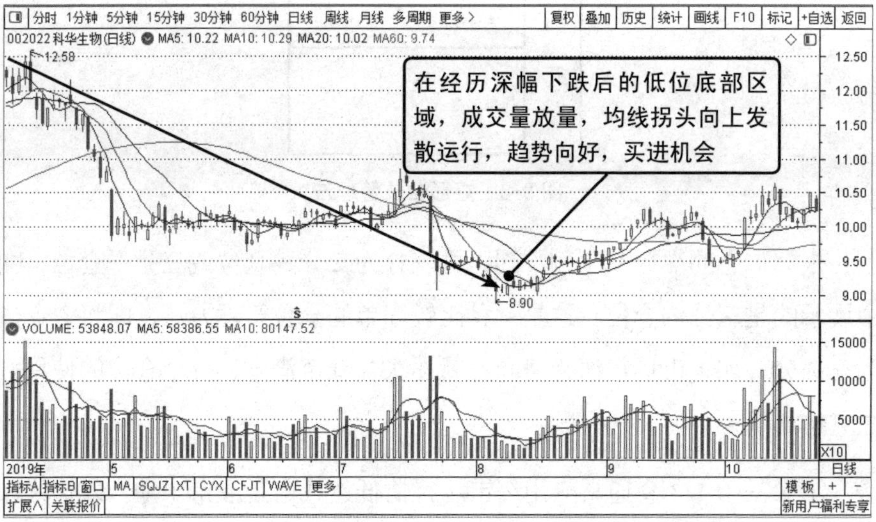

图 8-9　科华生物 2019 年 4 月至 10 月的 K 线走势

从上图可以看到，该股经历一轮长时间的深幅下跌行情后，股价跌至 10 元价位线企稳横盘。7 月底，K 线收出带巨量的大阴线，将股价进一步拉低至 8.9 元后止跌，成交量明显放量，股价小幅回升，均线系统发散向上运行，说明该股的这一轮下跌行情已经结束，后市可能迎来一波上涨行情。投资者可以趁机买进。

投资者利用矩形仓位管理法，将 30 000 元中的 10 000 元在股价 10 元价位买进。

图 8-10 所示为科华生物 2019 年 4 月至 2020 年 1 月的 K 线走势。

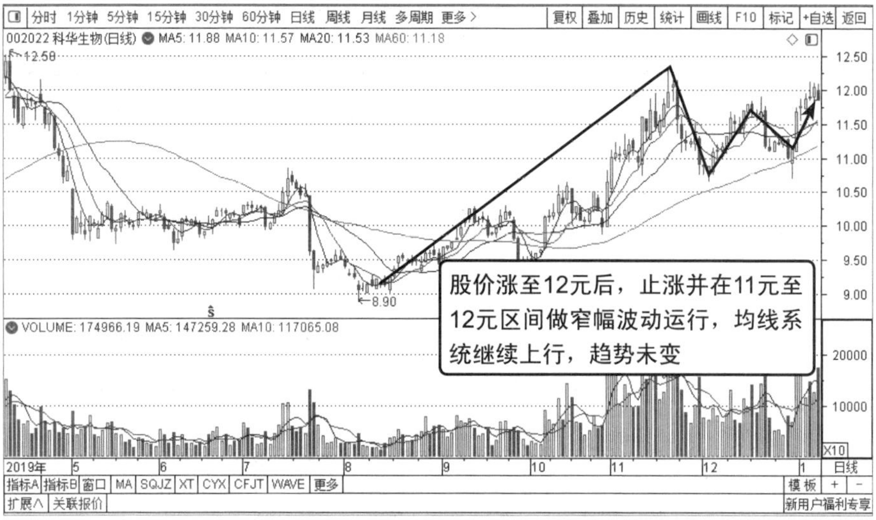

图 8-10　科华生物 2019 年 4 月至 2020 年 1 月的 K 线走势

从上图可以看到，9 月中旬投资者在 10 元位置买进后，股价小幅下跌后拐头向上攀升，成交量放量，均线系统呈多头排列，说明当前该股处于强势行情中。

股价上涨至 12 元后止涨，随后在 11 元至 12 元区间做窄幅波动运行，并没有跌破前期投资者的 10 元买进位置，投资者仍然有获利空间。此时查看成交量，发现成交量并没有出现明显的缩量迹象，且长期均线继续上行，中期均线和短期均线纷纷拐头向上，说明该股的上涨趋势并没有发生变化，而此时的横盘极有可能是上涨途中的回调，目的在于后市更好地拉升。所以，投资者可以继续持有该股，不必着急了结，还可以加仓。

因此，2020 年 1 月，投资者在 11.5 元位置加仓买进 10 000 元该股股份。

图 8-11 所示为科华生物 2019 年 11 月至 2020 年 7 月的 K 线走势。

从图中可以看到，投资者加仓后不久该股放量上涨，几个交易日将股价拉升至 18 元的高位，随后止涨。股价下跌至 15 元价位线后止跌，并在 15 元至 18 元区间做窄幅波动。

与此同时，观察成交量发现，成交量随着股价的上涨而放量，随着股价的下跌而缩量，形成明显的堆量，拉升股价重心缓慢向上。而均线系统则由纠缠横行逐渐发散开来，向上运行，说明该股的上涨趋势并没有发生变化，后市仍然看涨。所以，7 月初投资者在 18 元位置加仓买进 10 000 元该股。

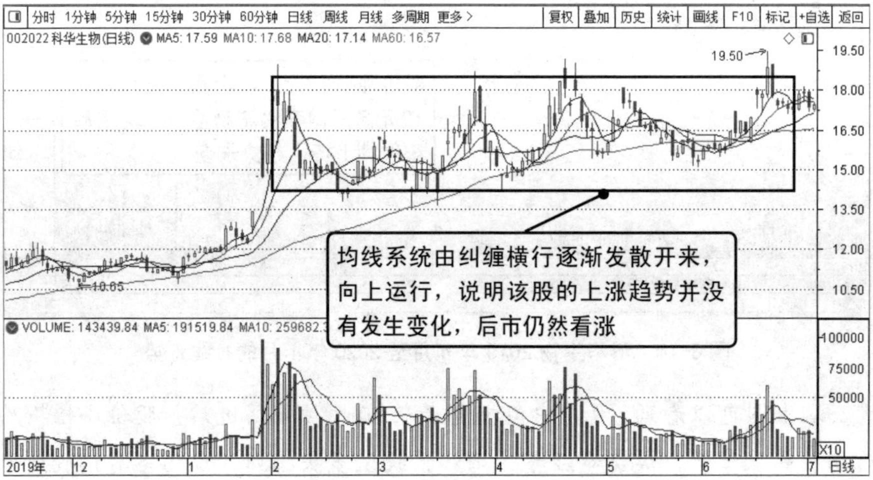

图 8-11　科华生物 2019 年 11 月至 2020 年 7 月的 K 线走势

图 8-12 所示为科华生物 2020 年 4 月至 8 月的 K 线走势。

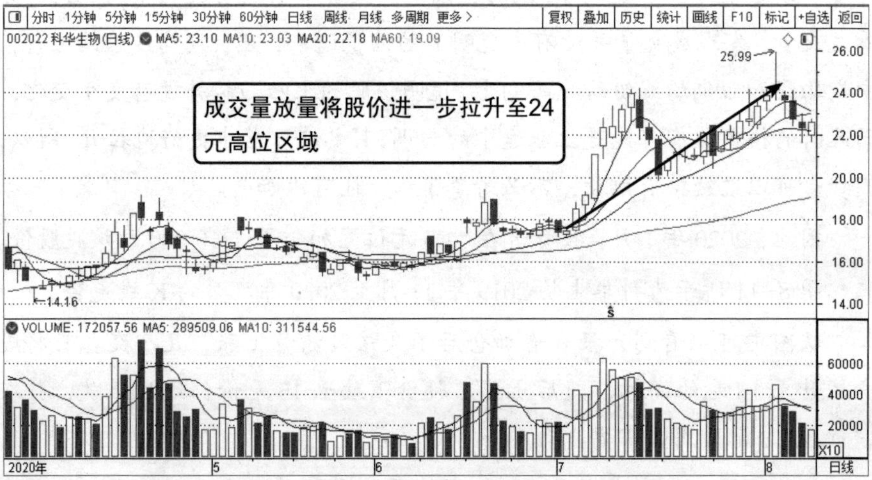

图 8-12　科华生物 2020 年 4 月至 8 月的 K 线走势

从上图可以看到，投资者买进后，成交量放量将股价进一步拉升至 24 元高位区域。此时查看该投资者 3 次加仓的涨幅收益。

初始 1/3 建仓 10 元位置：

买进持股：10 000÷10=1 000（股）

第一次 1/3 加仓 11.5 元位置：

前期获利：（11.5−10）×1000=1 500（元）

买进持股：10 000÷11.5=869.57（股）≈ 800（股）

第二次 1/3 加仓 18 元位置：

前期获利：18×（1 000+800）−800×11.5−1 000×10=13 200（元）

买进持股：10 000÷18=555.56（股）≈ 500（股）

当股价上涨至 24 元卖出可获利：

24×（1 000+800+500）−1 000×10−800×11.5−500×18=27 000（元）

根据计算结果可知，投资者分 3 次买进，当股价上涨至 24 元全部卖出可获利 27 000 元，是一次比较成功的投资。

由此可以看出，矩形仓位管理的核心有两点，首先是保证加仓的比例固定不变，其次是在加仓之前要确认前期投入已经获利，且市场当前趋势明显向好，然后才能继续加仓。否则，不能轻易加仓。

3 漏斗形仓位管理

漏斗形仓位管理是与金字塔形仓位管理相反的一种管理方法，初始建仓时轻仓买入，如果股价行情按相反方向运行，后市就逐步加仓，摊薄成本，加仓比例越来越大。

仓位控制呈下方小、上方大的一种形态，形态上很像一个漏斗，所以称为漏斗形仓位管理。图 8-13 所示为漏斗形仓位管理示意图。

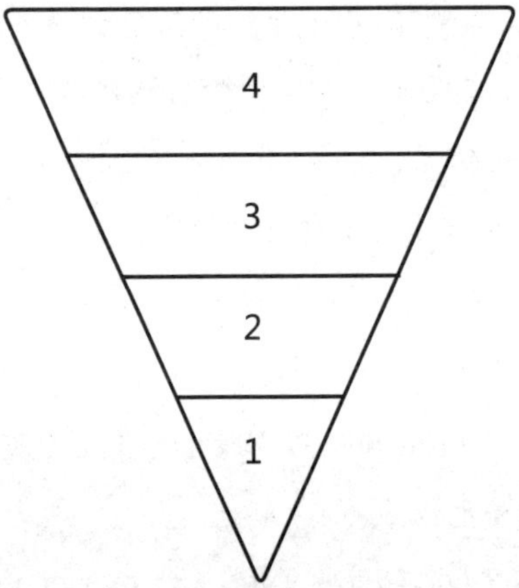

图 8-13　漏斗形仓位管理

漏斗形仓位管理中常见的仓位比例有2 ∶ 3 ∶ 5或1 ∶ 2 ∶ 3 ∶ 4，上图所示为1 ∶ 2 ∶ 3 ∶ 4比例。

漏斗形仓位管理的优势在于初始建仓时资金量较小，风险较低，在不爆仓的情况下，漏斗越高，投资者的利润就越可观，比较适合震荡行情。为了降低亏损的风险，前期建仓比例较小，一旦股价下跌就加大仓位，越跌越买，且越买比例越大，进而摊薄成本。

该方法对投资者的心理素质要求较高，因为漏斗形仓位管理需要建立在后市走势与判断一致的前提下，如果方向判断错误或者方向的走势不能越过总成本位，那么可能陷入无法获利出局的局面，所以投资者承担的风险较大。

下面以一个具体的实例来说明。

案例故事 **黑猫股份（002068）漏斗形仓位管理分析**

图 8-14 所示为黑猫股份 2017 年 10 月至 2019 年 4 月的 K 线走势。

从图中可以看到，该股经过一轮深幅下跌行情，股价从 13 元位置下跌至 6 元价位线后止跌，成交量放量，股价小幅回升。说明该股的此轮下跌行情即将结束，后市可能迎来一轮上涨。

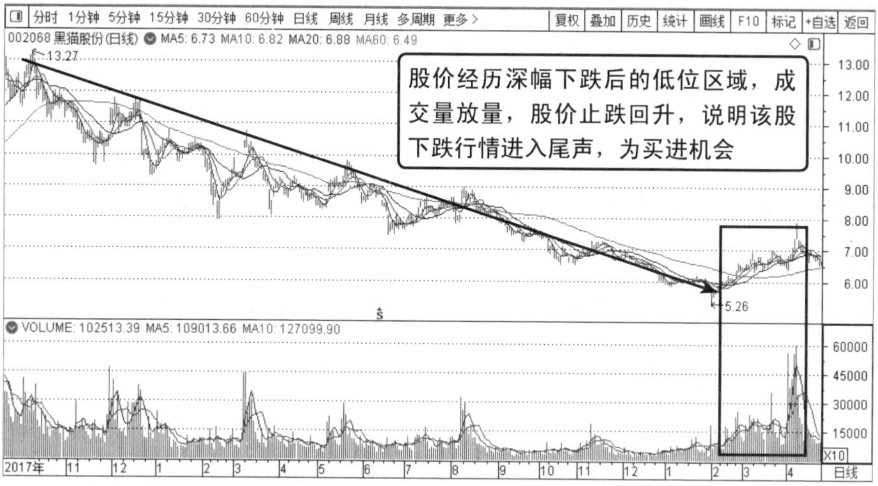

图 8-14　黑猫股份 2017 年 10 月至 2019 年 4 月的 K 线走势

但盘内也许还存在空头势力没释放干净，所以为降低投资者风险，决定采用漏斗形仓位管理法买进。2019 年 4 月初，投资者在 7 元位置轻仓买进，投入总资金量 100 000 元中的 10%。

图 8-15 所示为黑猫股份 2019 年 2 月至 7 月的 K 线走势。

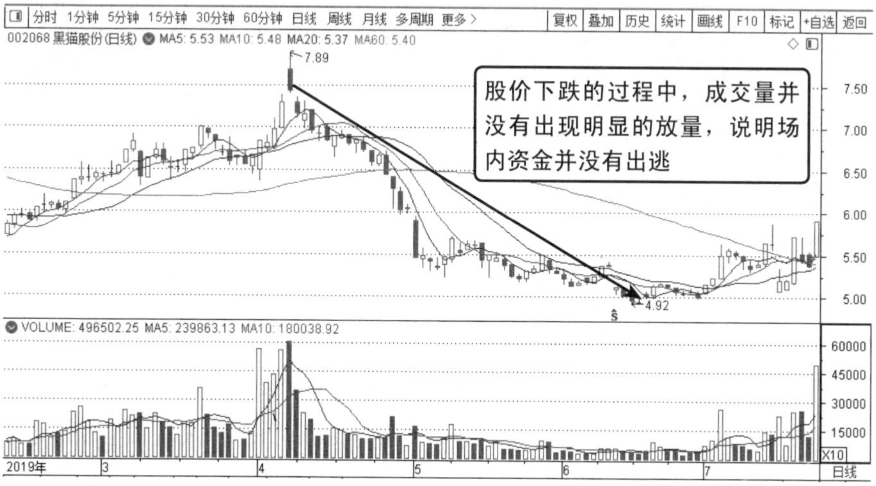

图 8-15　黑猫股份 2019 年 2 月至 7 月的 K 线走势

从上图可以看到，投资者买进后不久，K 线收出一根高开低走的巨量大阴线，使得股价再次下跌，将股价拉低至 5 元价位线上。但仔细观察可以发现，股价下跌的过程中，成交量并没有出现明显的放量，说明场内资金并没有出逃。

相反，股价在 5 元价位线企稳小幅回升，成交量却明显放量，说明有人积极入场看好该股后市。所以，投资者在 5.5 元价位线加仓买进，投入总投资金额的 20%。

图 8-16 所示为黑猫股份 2019 年 7 月至 12 月的 K 线走势。

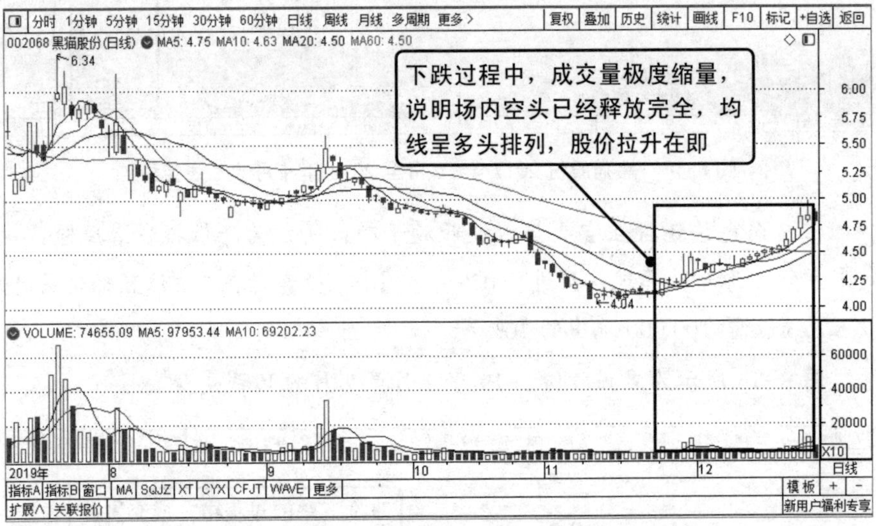

图 8-16　黑猫股份 2019 年 7 月至 12 月的 K 线走势

从上图可以看到，投资者在 5.5 元位置买进后，股价再次下跌，创下 4.04 元的新低后止跌回升。仔细观察发现，下跌过程中，成交量极度缩量，说明场内空头已经释放完全，均线呈多头排列，股价拉升在即。投资者趁机在 4.5 元价位线加仓买进，投入总投资金额的 30%。

图 8-17 所示为黑猫股份 2019 年 11 月至 2020 年 4 月的 K 线走势。

从图中可以看到，投资者在 4.5 元位置买进后，该股小幅上涨至 4.8 元位置便止涨。K 线连续收阴，股价下跌，创下 3.45 元的新低后止跌，并在

3.6 元至 4 元区间做窄幅运动，说明该股正在低位筑底。投资者乘机在 4 元价位线重仓买进总投资金额的 40%，等待后市拉升。

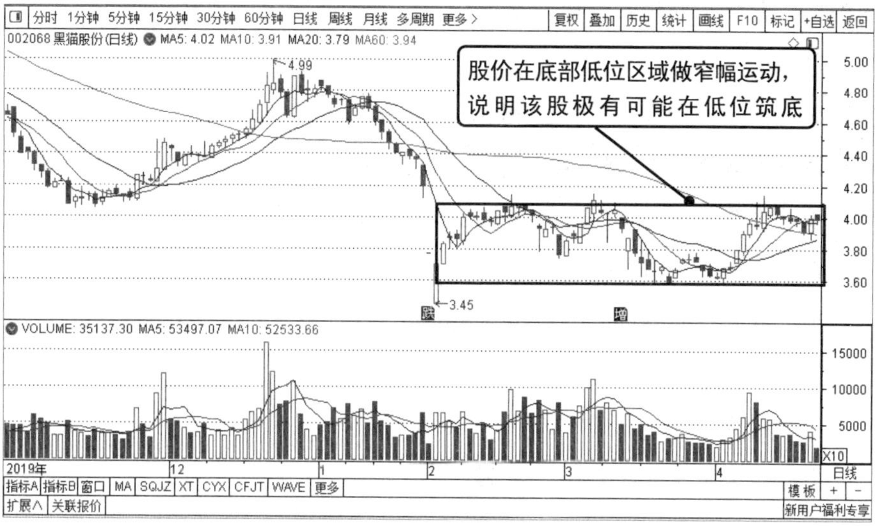

图 8-17　黑猫股份 2019 年 11 月至 2020 年 4 月的 K 线走势

图 8-18 所示为黑猫股份 2020 年 2 月至 11 月的 K 线走势。

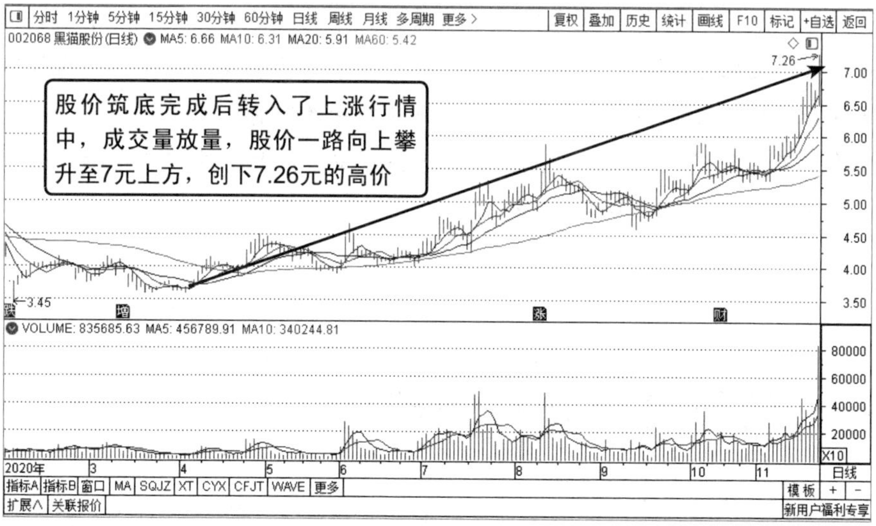

图 8-18　黑猫股份 2020 年 2 月至 11 月的 K 线走势

从上图可以看到，股价筑底完成后转入了上涨行情中，成交量放量，股价一路向上攀升至7元上方，创下7.26元的高价。如果投资者在7元位置卖出，则投资者的收益计算如下：

初始建仓7元位置：

买进持股：10 000÷7=1 428.57 ≈ 1 400（股）

第一次加仓20%，5.5元位置：

买进持股：20 000÷5.5=3 636.36 ≈ 3 600（股）

第二次加仓30%，4.5元位置：

买进持股：30 000÷4.5=6 666.67 ≈ 6 600（股）

第三次加仓40%，4元位置：

买进持股：40 000÷4=10 000（股）

当股价上涨至7元卖出可获利：

7×（1 400+3 600+6 600+10 000）-（1 400×7+3 600×5.5+6 600×4.5+10 000×4）=151 200−99 300=51 900（元）

根据计算结果可知，投资者分4次买进，当股价上涨至7元全部卖出可获利51 900元，是一次比较成功的投资。但是，从案例也可以看出，漏斗形仓位是风险比较大的一种仓位管理方法，一旦该股行情没有出现反转则投资者极有可能被深套。其次，还需要投资者冷静、沉着应对，面对下跌的走势不慌张，越跌越买，且越买仓位越重。因此，这就需要投资者对后市股价有一个比较准确的判断。

8.4 顶部逃离仓位管理法

前面介绍了仓位管理中的加仓，但加仓之后更重要的是减仓，如果投资者能够及时减仓，安全撤退，就能保住前期的投资收益，甚至能再次小幅度提升投资收益。即使是那些追高买入的仓位在亏损的情况下，也可以通过合理的减仓手法，尽可能降低亏损。如果不注重减仓，也可能让前期的收益付之一炬。

1 理想位置全仓卖出

全仓卖出是许多没有经验的投资者比较常用的一种减仓方法，即在一个比较理想的位置全仓卖出。这样的减仓方法比较简单，看起来也很容易操作，需要结合前面介绍的一些顶部形态信号，来确定理想位置，例如双重顶、头肩顶及三重顶等。

但是，这样的全仓卖出其实操作难度较大，因为投资者通常难以准确把握最佳的理想位置，很可能出现全仓卖出后，股价继续上涨，却难再买进的情况，使得自己错失更多的获利空间。也有可能出现错失最佳出逃位置而陷入被套的情况。所以全仓卖出的风险较大，更适合有经验的投资者或是对行情有准确判断的投资者。

下面以一个具体的实例来介绍。

案例故事 亚厦股份（002375）找准位置全仓卖出

图 8-19 所示为亚厦股份 2020 年 3 月至 2021 年 1 月的 K 线走势。

从图中可以看到，该股前期处于上升行情中，股价从 5.04 元的低位处开始向上攀升，成交量放大。股价一路上涨至 16 元价位线后止涨下跌，跌至 14 元价位线附近后止跌回升，再次上涨至 16 元价位线后止涨下跌。

两次上涨形成了两个明显的高点，且高点的高度几乎一致，形成比较典型的双重顶形态。在股价大幅上涨后的高位区域出现双重顶形态，说明该股行情将发生转变，股价触顶，后市看空，投资者应尽快出逃。

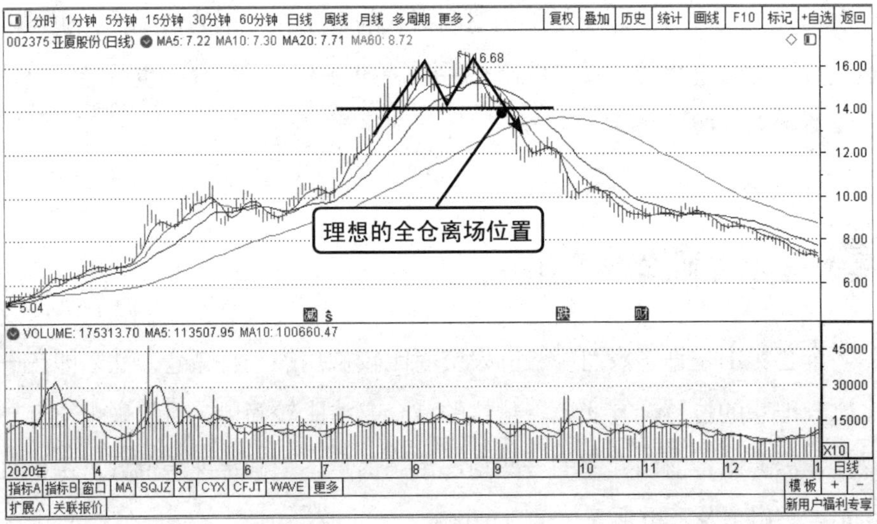

图 8-19　亚厦股份 2020 年 3 月至 2021 年 1 月的 K 线走势

当股价有效跌破颈线位置时，股价会出现比较急速的滑落，因此，颈线位置是投资者比较理想的全仓离场位置。

2 更稳妥的逐步减仓

逐步减仓指的是当投资者无法准确判断股价是否真的触顶，或是短期调整时的减仓做法，即先减仓部分，待后市走势明朗之后再决定是否卖出剩余仓位。这样既能够保证锁定前期收益，又能避免因假顶出现后市急涨而损失获利空间的情况。

但逐步减仓法对投资者的操盘能力要求较高，因为逐步减仓的核心在于第一次出现见顶信号时，投资者既要对行情有一个准确的判断，还要能够对减少的仓位数量做出理性决定。在随后的第二次甚至第三次减仓时，对减仓时机和减仓数量都要求非常高。

通常我们建议逐步减仓法可以分为两次或 3 次进行减仓。其中两次可以是五五减仓，也可以是六四减仓；三次减仓法可以是五三二减仓或六二二减仓。这些比例都是灵活的，具体还需要根据股价的实际走势做进一步判断。

下面以一个具体的例子来介绍。

案例故事 穗恒运 A（000531）逐渐减仓分析

图 8-20 所示为穗恒运 A 2020 年 3 月至 7 月的 K 线走势。

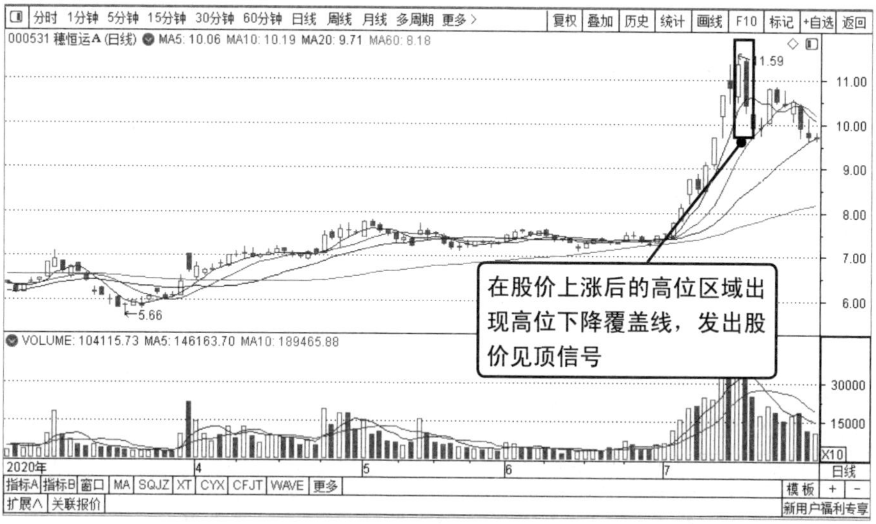

图 8-20　穗恒运 A 2020 年 3 月至 7 月的 K 线走势

从上图可以看到，该股经过一段时间的低位调整后，4 月初，成交量放量，拉升股价向上攀升。股价上涨至 7.5 元附近止涨，横盘调整近两个月后，7 月初股价再次放量拉升。

股价拉升至 11 元价位线，7 月 14 日股价低开高走收出一根大阳线，紧接着 7 月 15 日股价高开低走收出一根带巨量的大阴线，且大阴线覆盖前一日的阳线。两天的 K 线形成高位下降覆盖线，这是股价见顶信号，说明多方动力衰竭，空方开始反扑，大量卖盘涌出，后市即将迎来一波下跌。

查看此轮上涨，如果投资者在 6 元位置附近买进，当股价上涨至 11 元，有83.3%的涨幅收益空间。为了能够锁定前期收益，避免后市急跌损失收益，应在高位下降覆盖线出现后及时卖出持股，但为了防止该高位下降覆盖线是主力诱空而设置的陷阱，所以理智的投资者不应该直接全仓卖出，而应逐步减仓，继续观望。

因为股价前期的涨幅较大，所以这个位置减仓的数量可以适当多一些，六成仓左右比较合适。

图8-21所示为穗恒运A 2020年6月至11月的K线走势。

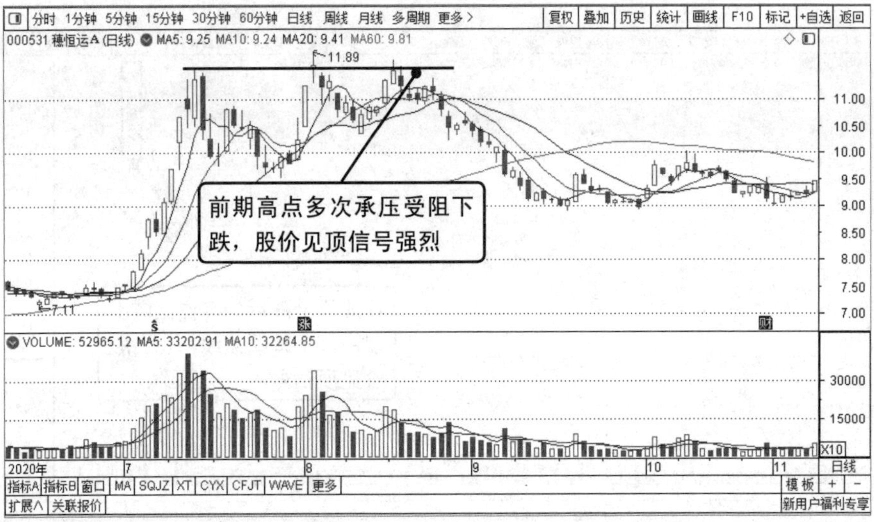

图8-21 穗恒运A 2020年6月至11月的K线走势

从上图可以看到，高位下降覆盖线出现后股价果然止涨下跌，但下跌并没有持续太久，几个交易日后股价跌至10元价位线附近便止跌回升。股价再次上涨至11元上方，在前期高点附近再次承压且收出长上影线，止涨下跌，形成M顶，但股价跌至10.5元便止跌回升，并没有跌破前期10元颈线位置，所以仍然可以继续持股。

股价第三次上冲至11元上方，受阻止涨下跌，K线收出带长上影线的阳线，说明前期高点承压较重，见顶信号强烈，投资者应在此位置清仓出局。

3 利用落差做减仓

落差减仓法指的是在同一个行业或板块中，将个股走势与龙头股的走势进行对比，如果龙头股止涨下跌，且跌破重要支撑位，那么在同一板块中的个股，距离阻力位较近或已经跌破技术位较远，则要注意减仓。

利用落差来进行减仓的关键在于找准标的上市公司，而且标的上市公司不应该只有一家，应该包括行业龙头以及当前市场涨势最凶猛的龙头股，这样的落差对比才能得到比较准确的结果。

下面以一个具体的例子来查看。

案例故事 南山控股（002314）落差减仓分析

图 8-22 所示为南山控股 2020 年 3 月至 8 月的 K 线走势。

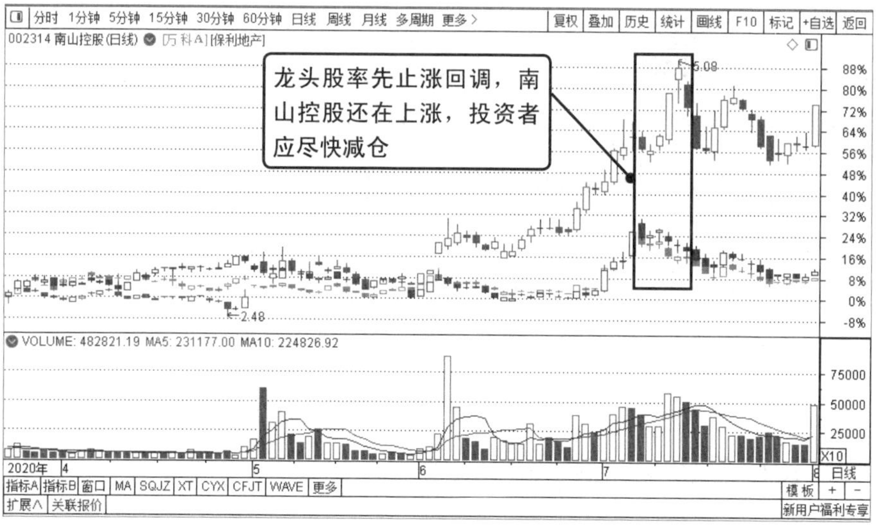

图 8-22　南山控股 2020 年 3 月至 8 月的 K 线走势

从图中可以看到，南山控股前期长时间在 2.5 元低位处横盘运行，成交量缩量。5 月初，成交量明显放量，拉升股价开始向上攀升。一路上行至5元价位线后止涨，随后在4.4元至5元区间做窄幅横盘运动。

此时，我们在K线走势中添加房地产板块龙头股万科地产和保利地产的K线走势可以发现，7月初，两只龙头股已经出现明显的止涨下跌走势，而同期的南山控股却仍在上涨。说明投资者应该尽快减仓，该股后市极有可能迎来一波下跌行情。

图8-23所示为南山控股2020年7月至12月的K线走势。

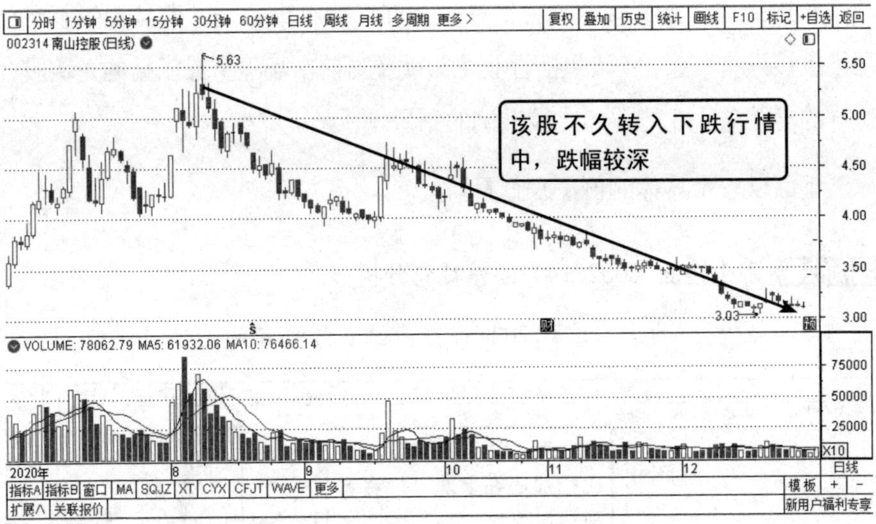

图8-23 南山控股2020年7月至12月的K线走势

从图中可以看到，8月初成交量放量，股价上冲至5元价位线上方后，快速回落，转入下跌行情中，跌至3元价位线附近。如果投资者没有利用龙头股落差及时减仓可能遭受重大损失。

4 利用均线系统减仓

我们知道均线系统根据周期不同将均线分为5日均线、10日均线、20日均线、30日均线以及60日均线等。当股价在底部低位区域运行时，5日均线上穿10日均线，且股价运行在5日均线、10均线上方说明市场强势，后市看涨。如果在股价高位区域，5 日均线下穿 10 日均线，股价向下跌破 10 日均线，甚至拐头向下，说明行情趋势发生变化，后市看跌。

可以看出，均线与股价行情变化有密切的联系，所以投资者可以利用均线系统来做减仓操作，具体内容如下。

① 5 日均线称为攻击线，其主要作用是短期内形成攻击态势，引导股价上涨或下跌。如果 5 日均线拐头向上说明具有助涨性，推动股价上涨；如果 5 日均线走平则意味股价正在平台整理；如果 5 日均线拐头向下说明具有助跌性，推动股价下跌。因此，如果股价有效向下跌破 5 日均线，且 5 日均线拐头向下，则投资者应警示，可少量减仓两成左右。

② 10 日均线称为操作线，是波段行情的重要指标。如果股价低位上穿 10 日均线，且 10 日均线拐头向上说明行情变好，后市看涨；如果 10 日均线走平则说明股价进行平台整理；如果股价下穿 10 日均线，且 10 日均线拐头向下，则说明后市看跌，投资者应大量减仓 4 成左右。

③ 20 日均线为生命线，是股价中线运行的保护线，跌破它则是中线操作的重要信号。一旦股价有效跌破 20 日均线，投资者应清仓出局，避免被套。

下面以一个具体的实例来介绍。

案例故事 **深大通（000038）均线系统减仓分析**

图 8-24 所示为深大通 2020 年 4 月至 8 月的 K 线走势。

从图中可以看到，深大通处于上涨行情中，股价从 8 元附近的低位区域开始向上攀升。7 月中旬，股价上涨至 15 元价位线上方后止涨，并在该价位线上横盘整理，此时涨幅已经超过 87%。

进一步查看均线发现，5 日均线走平，股价跌破 5 日均线后立即回到 5 日均线上方，说明股价处于高位平台整理阶段，后市股价可能会发生变化，投资者应引起注意。

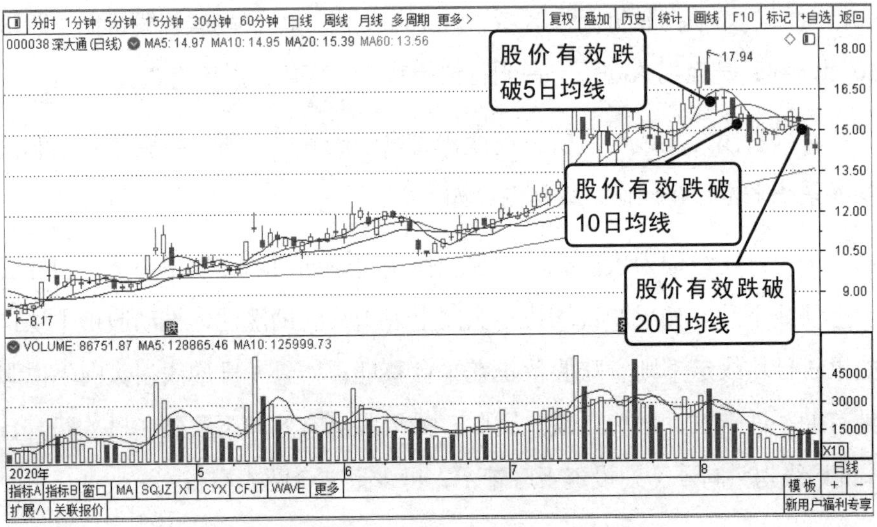

图 8-24 深大通 2020 年 4 月至 8 月的 K 线走势

7 月底，K 线连续收出 5 根阳线，结束横盘整理，股价进一步向上拉升至 16.5 元价位线。但 8 月 4 日，K 线收出一根高开低走的带量阴线拉低股价，随后股价开始下跌，并有效跌破 5 日均线，且 5 日均线拐头向下。说明该股短期趋势发生变化，投资者应适当减仓，两成仓位比较适合。

8 月 7 日，K 线收出一根带量阴线，股价继续下跌有效跌破 10 日均线，且 10 日均线出现拐头向下的迹象，说明行情已经出现变化，后市看跌，投资者应大量减仓，锁定前期收益，4 成仓位比较适合。

8 月 11 日，K 线收出一根跌幅超 6% 的大阴线，跌破 20 日均线，且 20 日均线走平，但紧接着 8 月 12 日，K 线连续收出 5 根上涨阳线，将股价拉升至 20 日均线上方。

好景不长，8 月 20 日一根跌幅超 5.7% 的大阴线再次跌破 20 日均线，且 20 日均线出现拐头向下迹象。说明行情基本可以判断，后市看跌，此时为投资者清仓的机会，否则有可能陷入被套危机。

图 8-25 所示为深大通 2020 年 7 月至 2021 年 1 月的 K 线走势。

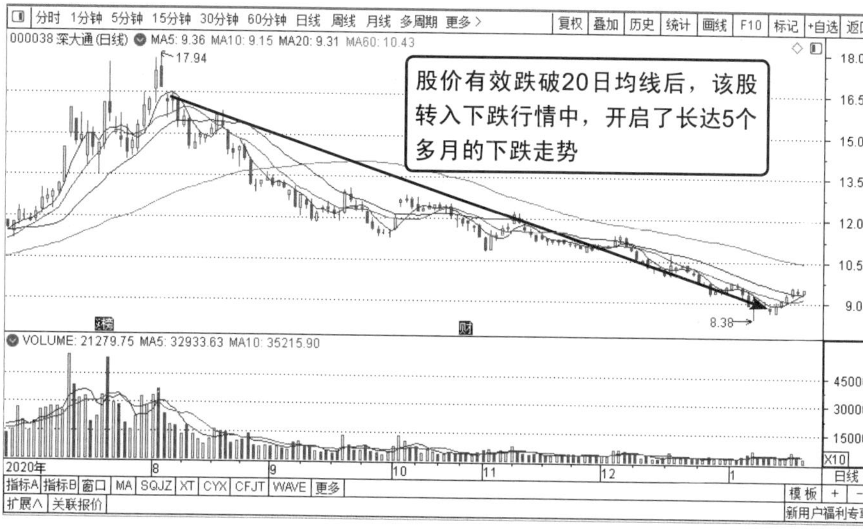

图 8-25　深大通 2020 年 7 月至 2021 年 1 月的 K 线走势

从图中可以看到，股价有效跌破 20 日均线后，转入下跌行情中，开启了长达 5 个多月的下跌走势，股价最低跌至 8.38 元，跌幅较深。投资者借助均线系统，合理减仓即可避免遭受这一损失。